W0208180

George Pitcher

Der Hund, der aus der Wildnis kam

George Pitcher

Der Hund, *der aus der Wildnis kam*

Das Abenteuer einer Freundschaft

Aus dem Amerikanischen übersetzt
von Eva Cassirer

Argon

»Für Nini Borgerhoff: Sie liebte beide.«

Die amerikanische Originalausgabe erschien 1995
unter dem Tiel »The Dogs Who Came to Stay«
im Verlag Penguin Books USA Inc., New York
© 1995 by George Pitcher
Deutsche Ausgabe:
© 1998 Argon Verlag, Berlin
Satz: LVD GmbH, Berlin
Druck und Einband: Clausen & Bosse, Leck
Printed in Germany 1998
ISBN 3-87024-481-X

Erster Teil

1

Oktober 1974

»Komm, sieh dir das an«, sagte ich zu Ed von der Küchenspüle aus, wo ich am Abwaschen war. Wir hatten gerade unser Mittagessen an diesem sonnigen Oktobertag beendet, und ich beobachtete durch das Küchenfenster, wie ein mittelgroßer Hund, offensichtlich ein Weibchen, müde über den Hof schlich. Sie hatte ein stumpfes Fell mit der bekannten schwarz-braunen Färbung, die man an Dobermanns und Rottweilern findet, obwohl ich mir ziemlich sicher war, daß sie keiner bestimmten Rasse angehörte. Auf ihrer breiten Brust trug sie ein großes Kreuz aus weißem Fell, als gehörte sie einem Orden canider Nonnen an. Sie kroch nah am Boden entlang, so als wollte sie vor allem nicht bemerkt werden; ihre großen spitzen Ohren waren steif aufgerichtet, wie die einer Fledermaus. Wäre sie eine Nonne gewesen, dann sicher eine gefallene, denn sie stand entweder kurz vor der Niederkunft oder hatte gerade ihre Welpen geworfen. Ihr langes, pralles Gesäuge schwang beim Laufen schwer hin und her, und die Zitzen streiften über das nasse Gras, das vom vielen Regen und weil es zu lange nicht gemäht worden war zu hoch stand.

»Großer Gott«, sagte Ed. »Ich hoffe sie kriegt ihre Jungen nicht auf unserem Grundstück.« Die Stimme der Vernunft! Edward Cone war Professor für Musik an der Universität hier in Princeton, und ich war Professor der Philosophie. Seit fünf Jahren teilten wir uns dieses schöne, im Viktorianischen Stil erbaute Haus in der ›College Road‹ gegenüber dem Theologischen Seminar – zwei Junggesellen mittleren Alters in der Hektik des akademischen Lebens: Es waren Vorlesungen vorzubereiten, Forschungsberichte zu schreiben, an endlosen Sitzungen teilzunehmen und so fort. Außerdem fuhr ich dreimal pro Woche zu meinem Psychoanalytiker nach New York. Wir hatten keine Zeit und keine Energie übrig, uns um eine zugelaufene Hündin und ihren Wurf zu kümmern.

»Hm«, sagte ich, während ich dem weiblichen Eindringling zusah, wie sie den Garten durch das offenstehende Tor hinter dem Geräteschuppen verließ, den Schwanz eingezogen, als fliehe sie den Ort eines Verbrechens. Ich konnte nicht verhindern, daß mich diese dunkle Kreatur seltsam anrührte, wie sie – allein auf der Welt und ohne Zuhause – mit einer Horde von Jungen fertig werden und sie großziehen sollte. Und der Winter stand vor der Tür! Irgendwo keimte in mir schon damals die ketzerische, irrationale Hoffnung auf, daß sie doch, gerade auf unserem Grundstück, ihre Jungen werfen würde. –

Wir bekamen sie ein paar Tage lang nicht zu Gesicht und so nahmen wir an, daß sie unseren Garten für ungeeignet zur Aufzucht einer Familie gehalten hatte. Aber meine Gedanken kehrten immer wieder zu ihr zurück – und zu den Hunden, die ich in meiner Jugend gehabt hatte.

Ich dachte an ›Queenie‹, eine sanfte Schäferhündin, die ich in unser Haus lockte, als ich sieben Jahre alt war.

»Sie ist mir einfach gefolgt«, erklärte ich voller Unschuld.

»Nicht schon wieder«, sagte mein Vater müde lächelnd. Er war ein stiller Mann, gebeutelt von der ›Großen Depression‹ und einer Schwiegermutter, die bei uns wohnte. »Wirklich, George«, sagte meine Mutter nicht besonders streng zu mir, »du mußt aufhören, uns diese Hunde ins Haus zu bringen. Du weißt ganz genau, daß wir sie nicht behalten können.«

Ich wußte es nicht und war bitterlich enttäuscht, denn verwöhnt wie ich war, dachte ich nur an das, was *ich* wollte. Und was ich mir vor allem wünschte, war einen Freund. Es gab keine Jungen meines Alters in unserer Nachbarschaft; ich hatte daher keine Kameraden, keine Spielgefährten – und ich fühlte instinktiv, daß dieser große Schäferhund sie mir ersetzen könnte. Ich überlegte mir nicht, daß ich zu jung war, um selbst einen Hund zu versorgen, und daß weder mein Vater noch meine Mutter in der Lage waren, es zu tun. Mein Vater fuhr jeden Tag von unserem Zuhause in New Jersey nach Brooklyn zu seinem schlechtbezahlten Job – die Fahrt dauerte jeweils zwei Stunden –, und Mutter war den ganzen Tag in der Teppich-Abteilung im sechsten Stock von ›Bambergers‹ Warenhaus in Newark auf den Beinen. Sie waren beide nervös, hatten ständig Geldsorgen und fühlten sich einfach erschöpft. Ein Hund kam nicht in Frage.

Da Queenie ein Halsband trug und wohlerzogen war, mußte sie jemandem gehört haben; aber soviel sie sich auch bemühten, meine Eltern konnten die Besitzer nicht ausfindig machen. Also durfte ich sie behalten. Das arme Tier: ich bezweifle, daß sie viel Spaß bei uns gehabt hat oder viel Auslauf hatte – aber sie wurde sehr geliebt. Sie schlief im Keller, und ich rannte jeden Morgen als erstes hinunter, um sie zu begrüßen. Noch heute verbinde ich in der Erinnerung den Geruch von Hund, Keller und brennendem Kohlefeuer im Heizofen mit dem Gefühl der aufgeregten Freude darüber, meinen ersten eigenen Hund zu besitzen.

Eines Morgens fand ich sie damit beschäftigt, vier kleine Welpen an ihrer Seite sauber zu lecken. Das hätte der Anfang einer glücklichen Episode in meinem Leben sein können; aber, so seltsam es klingt, Queenies Schicksal und das ihrer Jungen versinkt nach diesem Morgen für mich in Dunkelheit: ich kann mich einfach nicht erinnern, was aus ihnen wurde. Ich hoffe, ich verdränge hier nicht, wie so oft, ein schreckliches Erlebnis aus meinem Gedächtnis.

Und später, als ich elf oder zwölf war, gab es »Joe«, einen wunderschönen Englischen Setter, der vor der Fabrik, in der mein Vater arbeitete, angebunden war. Joe war ein wildes Ding: Als ich ihn einmal auf einem Feld hinter der Schule in der Nähe unseres Hauses losmachte, raste er in alle Richtungen, verrückt vor Freude darüber, frei zu sein, überwältigt von all den neuen, nichtchemischen Gerüchen. Nur die totale Erschöpfung brachte ihn schließlich zurück zu mir und an die Leine.

Joe schlief nachts draußen unter meinem Schlafzimmerfenster. Eine lange Eisenkette erlaubte ihm den Zugang zu seiner Hundehütte und zu einem großen Teil des Hinterhofes. Eines Frühlings, mitten in der Nacht wurde ich durch das Klirren einer Kette geweckt; als ich aus dem Fenster schaute, war alles ruhig und der Hof lag in stillem Mondlicht, und so ging ich wieder zurück ins Bett. Am nächsten Morgen war Joe fort: Jemand hatte ihn gestohlen.

Zwei Wochen später, als ich alle Hoffnung aufgegeben

hatte, ihn je wiederzusehen, kam er zurück, zehn Pfund leichter, mit Schlamm bedeckt, und um den Hals eine lange Wäscheleine, die er abgebissen hatte. Von da an schlief er im Hause.

Ich besitze ein Photo von Joe und mir am Strand von Jersey. Es ist 1937 und ich bin zwölf: Ich stehe da in meinem Badeanzug, lachend, und Joe vor mir, mit seinen Pfoten in meinen Händen. Sein schöner, schwarzweiß gefleckter Kopf reicht mir gerade bis an die Brust. Es ist ganz offensichtlich, daß wir beide uns heiß lieben.

Als ich im folgenden Herbst eines Tages aus der Schule kam, war meine Mutter seltsamerweise nicht zur Arbeit gegangen, sondern wartete zu Hause auf mich. Joe war nicht da.

»Ein netter Mann ist gekommen und hat Joe mitgenommen auf seine Farm, Liebling«, sagte sie zu mir. »Er wird es dort viel besser haben und viel sicherer sein – du weißt doch wie gefährlich der Verkehr hier an der Gregory Avenue für einen Hund wie Joe ist.«

In meinem Kopf entstand sofort eine schreckliche Leere: totales Nicht-Verstehen. »Kann ich manchmal hingehen und ihn besuchen?« war alles, was mir zu fragen einfiel. Ich bemerkte die geröteten Augen meiner Mutter nicht. »Ach weißt du, Liebes, ich glaube nicht, daß das eine sehr gute Idee wäre. Er muß sich doch dort erst eingewöhnen ...«

Aber da war ich schon hinaufgerannt in mein Schlafzimmer, das ich mit meinem älteren Bruder teilte, und warf mich auf mein Bett. Habe ich geweint, gleich oder später? Ich weiß es nicht. Und ich bat auch nicht um eine Revision dieser plötzlichen Entscheidung ›von oben‹. Es war beschlossen worden, daß Joe gehen mußte, und ich akzeptierte das einfach. Ich wurde nicht vom Schmerz zerrissen, eher im Gegenteil: Meine Gefühle waren eingefroren. Ich fühlte nichts, wie ein Zombie.

Erst ungefähr ein Jahr später erfuhr ich, was ich mir gleich hätte denken können: daß Joe an jenem Tag gestorben war, weil er irgendwo Gift gefressen hatte.

Meine arme Mutter! Ihre Entscheidung, mich vor der Nachricht von Joes Tod zu bewahren, war natürlich ein totaler Fehler. Ich konnte sie doch nur hassen für etwas, das mir als ein Akt herzlosen Verrats erscheinen mußte. Es wäre viel besser für mich gewesen, wenn ich mich mit Joes Tod auseinandergesetzt hätte – um ihn weinen zu können, untröstlich zu sein, wie ich es sicher gewesen wäre – statt meine Gefühle zu begraben. (»Sie lebendig zu begraben«, möchte ich fast sagen.) Meine Mutter, immer überbesorgt um ihr ›Baby‹, hatte mich wieder einmal daran gehindert, mit der Realität von Leben und Tod fertig zu werden. Ich lernte das erst viel, viel später.

Ein paar Tage nachdem wir die Hündin gesehen hatten, ging ich in den Geräteschuppen, um einen Spaten zu holen. Ich wollte Gladiolen ausgraben und ins Haus bringen, bevor sie erfroren. Als ich den Schuppen betrat, hörte ich einen Laut, leise aber deutlich, wie das Miauen einer Katze, oder genauer, eines Kätzchens. Es hörte sofort wieder auf, und ich begann das Tier zu suchen.

Jeder, der mein Arbeitszimmer im Universitätsgebäude kennt, oder meine Zimmer im zweiten Stock unseres Wohnhauses, weiß, daß Ordnung nicht meine Stärke ist. Einige der Weisen der Antike glaubten, daß Gott die Ordnung aus dem Chaos geschaffen hat – aber bei mir scheint es umgekehrt zu sein! Der Schuppen war also damals – genau wie heute – ein Durcheinander von Blumentöpfen, Rollen von Spanndraht, jeder Menge von Schnüren und Seilen, Säcken mit Mutterboden und Knochenmehl und getrocknetem Kuhdung, Gießkannen, Eimern, ausrangierten Rasensprengern, leeren Packungen von Saatkörnern, unbrauchbaren Gartenhandschuhen, Stecken und Pfählen verschiedener Länge, vieler namenloser Gegenstände – und sogar ein paar Gartengeräten. Da der Schuppen klein ist, nur etwa zwei mal drei Meter lang, könnte sich ein Kätzchen nicht sehr lange dort versteckt halten, trotz der Unordnung. Eine Viertelstunde lang räumte ich alles im Schuppen beiseite, ohne eine Kreatur zu finden. Dann endlich fiel mir ein, daß das Geräusch von unter dem Schuppen gekommen sein mußte. »Der streunende Hund!« dachte ich, und mein Herz klopfte. Bis vor drei Wochen wäre gar kein Platz für ein großes Tier unter dem Schuppen gewesen. Er war ohne Fundament gebaut worden, und die untersten Bretter, die auf dem Erdboden auflagen, waren verfault, wodurch er sich gefährlich nach hinten neigte zu dem großen leeren Grundstück hin, das sich sanft talwärts nach Süden von unserem erstreckt. Dante Nini, der Tischler, der viel von denjenigen Leuten beschäftigt wurde, die gute Arbeit schätzten, hatte die verrotteten Bretter ersetzt und den Schuppen stabilisiert, indem er drei Betonsäulen unter die abschüssige Seite setzte. Obwohl uns dies natürlich vorher nicht aufgefallen war, hatte Dante unter dem Schuppen eine Höhle geschaffen, die einem wilden Tier wohl gefallen mochte, das eine Zuflucht für den Winter suchte.

Ich holte eine Taschenlampe, kniete hinter dem Schuppen nieder und leuchtete in die Höhle hinein. In der Dunkelheit leuchteten zwei helle blaue Kreise auf, die sofort wieder verschwanden; die Kreatur, die dort lauerte, hatte wohl den Kopf vom Licht weggedreht. Obwohl ich sicher war, wer es sein würde, konnte ich sie in dem schwachen Licht der Taschenlampe nicht erkennen. Ich suchte also unser tragbares Flutlicht heraus und belagerte nochmals ihre Festung. Da lag sie, schweigend in der hintersten Ecke der Höhle, den Kopf abgewandt, offensichtlich hoffend, daß ich weggehen würde. Ich machte das Licht aus, um sie nicht weiter zu stören, bemerkte aber vorher noch die kaum erkennbaren Bewegungen von winzigen Wesen an ihrer Seite – ein, zwei, höchstens drei neugeborene Welpen. Mein Gott, dachte ich, was sollen wir bloß machen?

»Rate mal, was«, sagte ich einige Zeit später zu Ed, als er von der Universität nach Hause kam. Ich versuchte sorgfältig beim Sprechen den Eindruck zu hinterlassen, daß etwas Unerwünschtes passiert sei. »Du erinnerst dich doch an den schwarzbraunen Hund, den wir sahen ...« Er stöhnte nur als Antwort. »Richtig«, sagte ich, »sie liegt unter dem Schuppen. Sie und ihre Jungen.«

Nach einer kurzen Besichtigung der neuen Mieter – oder besser: Hausbesetzer – setzten wir uns an den Küchentisch, um zu beraten.

»Ich hoffe, du hast nicht irgendwelche seltsamen Ideen, diese Hündin da draußen zu adoptieren«, begann Edward.

»Nun, nein, ich –«

»Denn das ist ganz unmöglich. Ich habe meine Arbeit, und ich bin einfach nicht bereit, einen Hund stundenlang spazierenzuführen, zum Tierarzt zu bringen und so weiter.«

»Ich könnte das ja alles machen«, sagte ich halbherzig. Ich wußte, was jetzt kam.

»Du! Du bist doch jetzt schon überfordert mit deiner zwanghaften Genauigkeit bei der Arbeit und den dauernden Fahrten zu deinem Seelenklempner. Du hast ja sogar ein schlechtes Gewissen, wenn wir mal am Samstagabend ins Kino gehen!« Ich konnte es nicht leugnen. »Und was wird aus unseren Reisen nach Europa in den Sommerferien? Du kannst einen Hund nicht jedes Jahr einen Monat lang im Tierheim abgeben.« – Ich halte Ed, der acht Jahre älter ist als ich, für den klügsten Menschen, den ich kenne. Er ist überall für seine praktische Vernunft bekannt und geschätzt. Die Menschen achten seine Meinung und wissen, daß sie sich darauf verlassen können, sie von ihm auch zu hören. Also hatte er sicher Recht damit, zu glauben, daß es in unserem schon so vollen Leben keinen Platz für einen Hund gab.

»Ist ja schon gut!«, lenkte ich ein. »Aber schau mal, bis wir sie da rauskriegen, muß sie doch gefüttert werden.«

»Gewiß – schließlich muß sie ja ihre Jungen ernähren. Aber was glaubst du denn, was sie bis jetzt gemacht hat?«

»Nun, ich habe ein paar umgekippte Mülleimer in der Alexander Street gesehen. Und vielleicht geben ihr die Studenten im ›Princeton Inn‹ hin und wieder was.«

»Schon möglich; und ich nehme an, sie fängt sich gelegentlich ein Eichhörnchen oder ein Kaninchen.« Ed schüttelte den Kopf. »Was für ein Leben!«

Also fuhren wir zum Supermarkt und kauften ein – Büchsen mit Hundefutter und einen Sack Trockenfutter. Wir bereiteten ein köstliches Abendessen in einem alten Topf und stellten ihn mit einem Gefühl von Genugtuung an den Eingang zur Höhle – die Schloßherren, die den armen Teufeln am Tor etwas zu Essen geben. Aber der erwartete Ansturm auf unser Essen blieb aus. Wir begegneten nur eisigem Schweigen aus der Höhle. Wir traten zurück – zehn, zwanzig, schließlich dreißig Meter – und warteten. Und warteten. Kein Lebenszeichen. Schließlich gaben wir es auf und gingen zurück ins Haus. Ich, jedenfalls, fühlte mich betrogen und außerdem aus irgendeinem verrückten Grund verantwortlich für die Zurückweisung unseres barmherzigen Angebots.

Später jedoch, als wir zu der Höhle zurückkehrten, war der Topf leer und glänzte, als wäre er gerade aus dem Geschirrspüler gekommen. Sie hatte unser Essen angenommen; sie hatte aus unserem alten zerbeulten Topf gefressen und mir damit das Gefühl von einer Verbindung zwischen ihr und uns gegeben. Ich wußte, daß trotz aller gegenteiligen Vernunftgründe ich dieses wilde Geschöpf kennenlernen wollte.

Aber wir hatten uns ja darauf geeinigt, daß in unserem pflichtenreichen Leben kein Platz für einen Hund sei, und so suchten wir nach Wegen, unseren geheimnisvollen Eindringling samt seiner Brut aus der Höhle unter dem Geräteschuppen zu entfernen – obwohl ich hoffte, daß dies mißlingen würde. Wir baten Roger Breese, den Polizisten, der für die Kontrolle kleiner Haustiere verantwortlich war (was man früher den ›Hundefänger‹ nannte), einmal zu uns zu kommen, um nachzusehen, was sich machen ließe. Er kam, sah unter den Schuppen und schüttelte den Kopf. »Nun, ich könnte versuchen, sie mit einem Lasso am Ende eines Stockes zu fangen und sie dort herauszuziehen«, sagte er. »Und dann die Welpen holen. Aber das wäre eine ziemlich unsanfte Angelegenheit. Es gäbe eine Menge Herumziehen und Zerren und Murren und Beißen, und so weiter. Sie könnte verletzt werden, und es würde sie auf alle Fälle sehr aufregen. Sie könnte sogar deshalb ihre Welpen verlassen.«

Nein, nein, das alles wollten wir auf keinen Fall. »Ja dann«, sagte er, »wenn Sie damit einverstanden sind, sie dort zu lassen, bis die Welpen von selbst herauskommen – so etwa in drei Wochen –, dann könnte ich wiederkommen. Dann wäre es viel leichter, sie alle einzufangen.«

Ed und ich waren mit Breeses Vorschlag einverstanden – Ed etwas zögernd und ich mit Erleichterung. »Jedenfalls haben wir noch drei unterhaltsame Wochen vor uns«, dachte ich. Ich nahm an, daß niemand auf unsere Annonce eines zugelaufenen Hundes antworten würde, die wir in der Lokalzeitung aufgegeben hatten, oder auf die Zettel, die wir im Graduate College, im Seminar, und im ›Princeton Inn‹ angebracht hatten.

Wir erhielten jedoch ein paar Telephonanrufe. Ein kleines Mädchen fragte unter Tränen, ob wir ihren ›Mopsy‹ gefunden hätten, ihren kleinen freundlichen Rüden, mit weißem Fell, hängenden Ohren und einem roten Halsband. (Sie hatte in ihrer Verzweiflung unsere sorgfältige Beschreibung der schwarzen Hündin völlig übersehen.) Und die Frau des Fakultätsberaters im ›Princeton Inn‹ rief uns an und sagte, sie hätte unsere Hündin öfters während der letzten zwei Jahre mit einem Pack wilder Hunde in der Stadt und der Umgebung herumstreifen sehen. Sie hätte sie sogar ein- oder zweimal gefüttert. »Im letzten Winter«, sagte sie, »schlief sie unter einem umgestülpten Kanu, das einem der Studenten hier auf dem Grundstück des ›Princeton Inn‹, gehört. Sie schien eine sanfte Kreatur zu sein, aber, du meine Güte, wie scheu sie war! Sie ließ mich nie nah genug an sich herankommen, um sie zu streicheln.«

Princetons Studenten hielten damals öfter Tiere auf ihren Zimmern, obwohl es verboten war. Das bedeutete, daß im Juni, am Ende des Universitätsjahres, etwa ein Dutzend Hunde und Katzen von ihren noch-nicht-zivilisierten Herren zurückgelassen wurden. Auch die Gast-Professoren ließen manchmal ihre zeitweiligen Haustiere zurück. In einem speziellen Fall wurde ein Hund von seinem Herrn in dessen aufgegebenen Apartment eingeschlossen und verlassen; als er Tage später entdeckt wurde, war er bösartig geworden und mußte getötet werden.

Und ich bezweifle, daß die Akademiker die einzigen Schuldigen waren. Daher gab es verschiedene Rudel wilder Hunde, die in der Gegend um Princeton herumstreiften und zum Ärgernis wurden. Man sah oft umgerissene Mülltonnen, ihr Inhalt auf den Rasenflächen und Bürgersteigen verstreut; auch wurden Jogger sowie Kinder auf Fahrrädern öfters von den Hunden angefallen. Für die Hunde selbst war dieses Leben verzweifelt hart. Nur die ganz starken und cleveren unter ihnen, die das Straßenleben von Geburt an gewohnt waren oder es schnell gelernt hatten, konnten die Winter in New Jersey mit ihren eisigen Winden, den Schneestürmen – dem Verkehr! – dem geringen Vorrat an Futter und der mangelnden Unterkunft überleben. Wenn ich an all diese Dinge dachte, bewunderte ich den Mut und die Tapferkeit des verwahrlosten Tieres, das unter unserem Schuppen Schutz gesucht und gefunden hatte.

Während der nächsten zwei oder drei Tage stellten wir weiterhin das Fressen für die Hündin an den Eingang ihrer Höhle; aber dies war eine recht enttäuschende Prozedur für uns, denn sie weigerte sich strikt, uns auch nur soviel wie ihre Nasenspitze zu zeigen, ganz gleichgültig, wie lange wir dort auf sie warteten. Im Gegenteil, wir sahen sie fast überhaupt nicht mehr. War sie zufällig draußen gewesen, wenn einer von uns am Schuppen auftauchte, so rannte sie sofort weg, um uns aus sicherer Entfernung zu beobachten. Gewiß war diese Taktik besser als andere, die man sich vorstellen könnte; sie hätte uns zum Beispiel ihre Zähne zeigen und uns so von ihrer streng bewachten Brut vertreiben können. Aber wir wollten sie doch gerne einmal aus der Nähe betrachten, und vor allem sehen, ob sie unser wunderbares Futter auch tatsächlich selbst fraß.

Auf den Rat eines uns besuchenden Freundes begannen wir, den Futternapf jeden Tag etwas weiter entfernt von der Öffnung zur Höhle hinzustellen und immer näher an unser Haus. Eines Tages, nach etwa einer Woche, stand er ein paar Meter vom Schuppen entfernt, so daß wir ihn gut vom Küchenfenster aus sehen konnten. Nach einer Wartezeit, die uns recht lang vorkam, sahen wir ihren Wolfsschädel um die Ecke des Schuppens lugen. Sie schaute sorgfältig über den Hof und kroch vorsichtig zu ihrem Napf, als sie keine Feinde erblicken konnte. Kaum hatte sie uns jedoch hinter dem Fenster entdeckt, ergriff sie sofort die Flucht und rannte zurück zu ihrer Brut, ohne ihr Fressen anzurühren. Ich sagte mir: »Nun denn, wir haben es mit einem wilden Tier zu tun. Wenn ich irgendeine vage Hoffnung hatte, sie würde zu einem Schmuse-Haushund, sollte ich das jetzt wirklich vergessen.« Wir warteten noch ein paar Minuten, ob sie wohl wiederkäme, aber als sie dann nicht kam, verließen wir die Küche wie zwei ertappte Schuljungen.

Eine halbe Stunde später stand der leere Topf im Hof.

Dasselbe kleine Drama fand am nächsten Tag statt, nur daß sie diesmal, nach ihrem ersten Rückzug, nochmals um die Ecke des Schuppens spähte. Sie machte dann ein paar vorsichtige Annäherungsversuche an ihren Freßnapf, rannte aber jedesmal davon, wenn sie uns in der Küche erblickte, obwohl wir uns die größte Mühe gaben, unsichtbar zu sein und vom Fenster zurücksprangen, wenn sie den Kopf in unsere Richtung drehte. Nach einigen Tagen jedoch erlaubte sie uns, ihr beim Fressen zuzusehen, solange wir nur innerhalb des Hauses blieben; jeder Versuch jedoch, ihr näherzukommen oder sie auch nur bewegungslos von außerhalb des Hauses zu betrachten, trieb sie sofort in die Flucht.

Anfang November flog Ed für drei Wochen nach England, um dort Vorlesungen zu halten. Dies gab mir Zeit, meine Gedanken über die Hunde zu sortieren. Eine Frage war noch nicht gestellt worden, doch jetzt überlegte ich sie mir: Wollte ich einen der jungen Welpen behalten? Nun ja, eigentlich schon – aber ich wußte nicht, ob mein Wunsch stark genug oder vernünftig genug war, um Eds unweigerlichen Widerstand gegen diese Idee zu überwinden. Diese Frage konnte jedoch warten, bis Ed aus England zurück war und wir die Jungen gesehen hatten. Wie stand es mit der Hündin? Eigentlich erschien es mir unmöglich, sie zu adoptieren. Wie einer unserer Nachbarn sagte: »Ihr könnt sie niemals zähmen. Einmal ein wildes Tier heißt: für immer ein wildes Tier!«

Während ich dieser Meinung eigentlich zustimmen mußte, fühlte ich trotzdem eine unbestimmte, aber stetig zunehmende Zuneigung zu unserem geheimnisvollen Gast. Ich wollte sie nicht aufgeben – jedenfalls nicht, bevor ich nicht weitere Anstrengungen gemacht hatte, sie zu gewinnen. Und so – ohne die unerwünschten Konsequenzen zu bedenken, die ein Erfolg bei diesem Unterfangen bedeutet hätten – bemühte ich mich, näher an sie heranzukommen, und zwar im wörtlichen Sinne: sie zu berühren, ja sogar zu streicheln.

Ich wiederholte meine häufigen Besuche bei ihrer Höhle. Ich kniete an der Öffnung nieder und sprach leise und zärtlich in die Dunkelheit hinein, in der Hoffnung, daß sie den guten Willen heraushören würde, der in meiner sanften Stimme lag. Aber es war unmöglich festzustellen, ob diese Praxis irgend etwas bewirkte außer totale Indifferenz. Ich mußte etwas anderes, stärkeres versuchen. Einen oder zwei Tage nach Eds Abreise, als sie gerade ihre Mahlzeit draußen beendete und ich annahm, daß sie meinen Ouvertüren etwas geneigter entgegensehen würde, schlich ich mich leise nach draußen, mit einem großen Hundekuchen in der Hand, zur hinteren Ecke des Hauses, die dem Schuppen gegenüberliegt, so daß ihr ein Fluchtweg offen blieb. Dann versuchte ich, so auszusehen, als sei ich gar nicht da: Ich machte mich so klein wie möglich, hockte mich also hin und hielt ihr den Hundekuchen entgegen.

Als sie mich sah, floh sie – wie ich es erwartet hatte. Ich wartete vergeblich auf ihre Rückkehr und einen zweiten Blick.

Ich wiederholte meine Versuche am nächsten und an den folgenden Tagen, und schließlich, als ich wieder einmal am selben Fleck hockte, rannte sie nur bis an die Seite des Schuppens, blieb zu meiner Freude dort stehen, drehte sich um und starrte mich an. Mit ihrem gesenkten Kopf und den glitzernden Augen, die mich fixierten, war sie das Abbild des Mißtrauens. Sie blieb jedoch an derselben nach allen Seiten offenen Stelle stehen wie ich. Das war jedenfalls schon ein Erfolg.

Mir fiel ein, irgendwo gelesen zu haben, daß ein Tier anzustarren als ein Akt von Aggression empfunden wird, als ein Zeichen, daß man es angreifen will, und so senkte ich meinen Blick, um sie nur hin und wieder kurz anzusehen. Lächelnd, aber ohne zu viele Zähne zu zeigen, sprach ich zu ihr mit der sanftesten Stimme, die mir zur

Verfügung stand: »Schau mal, was ich hier für dich habe: einen wunderbaren Hundekeks. Komm doch mal, ich tu' dir doch nichts! Du süßes Mädchen, komm doch und hol ihn dir, du brauchst doch keine Angst zu haben ...«

Es war ganz klar, daß der Hundekuchen sie reizte, aber daß sie es einfach nicht wagte, sich einem menschlichen Wesen zu nähern. (Was mußte sie früher erduldet haben? Wie sehr hatte man sie mißhandelt?)

Jeder dieser Versuche, in denen ich mich bemühte, ganz harmlos und unwiderstehlich charmant zu wirken, endete auf dieselbe Art und Weise: nach etwa 10 der 15 Minuten des Überlegens kehrte sie mir den Rücken zu und kroch zurück zu ihren Jungen.

Ich fühlte mich abgewiesen und seltsam verletzt, spürte jedoch gleichzeitig ihre eigene ungeheure Verletzlichkeit, und ich war immer stärker entschlossen, ihr nahezukommen. Ich wußte, daß ihre Angst vor den Menschen eine ganz allgemeine war, aber ich konnte nicht umhin, sie auf mich zu beziehen: Schließlich war ich derjenige, von dem sie sich fernhielt. Ich wollte ihr beweisen, daß – obwohl ihre Ansicht über die Menschheit im allgemeinen ohne Zweifel berechtigt war – ich jedenfalls ihr nichts Böses antun würde.

Die Tage vergingen, ohne daß ihr massives Mißtrauen, auch gegen mich, abnahm. Wann immer meine Lehrtätigkeit, die Besuche bei meinem Psychotherapeuten und die tägliche Arbeitsroutine es mir erlaubten, besuchte ich die Höhle unter dem Schuppen in der Hoffnung, sie von meinen guten Absichten überzeugen zu können. Aber sie lag immer still und bewegungslos da, kaum zu sehen, oder lief sofort weg, wenn ich sie zufällig außerhalb der Höhle antraf, bis sie in Sicherheit war.

Ich war sicher, wenn ich ihr nicht ihr Fressen bringen würde, wäre es ihr total gleichgültig gewesen, ob ich lebte oder stürbe. Abgesehen von dem Futter war ich nur ein Störenfried, der dauernd ankam, sie anstarrte, sie belästigte. Sie fühlte sich wahrscheinlich wie die beiden eingetopften Pflanzen in einer Karikatur im ›New Yorker‹ vor ein paar Jahren: Als eine ältere Frau, mit der Gießkanne in der Hand, zu den Blumen kam, sagte die eine Pflanze zur anderen: »Jetzt geht's wieder los: ›bla, bla, bla, bla!‹«

Eines Nachmittags jedoch, als ich in die Höhle schaute; fand ich sie zum ersten Mal nicht in der hintersten Ecke in tiefster Dunkelheit, sondern nur einen halben Meter von dort entfernt, wo ich kniete. »Ja, hallo da«, sagte ich leise, bemüht, sie ja nicht zu erschrecken. Ich wagte kaum zu atmen. Ich wollte die Hand ausstrecken, um sie zu streicheln, aber ich riskierte es nicht. Sie drehte den Kopf weg und ich dachte, sie würde gleich wieder zurück in die Tiefe der Höhle kriechen, aber sie blieb, wo sie war. Nach einem kurzen Augenblick begann sie ganz langsam mit dem Schwanz zu wedeln. Er schlug gegen die Wand der Höhle.

Mit dieser sanften Bewegung fielen alle meine Ängste, meine Unsicherheiten, wie ein Kartenhaus in sich zusammen. »Nun also«, sagte ich mehr zu mir als zu ihr, während ihr Bild vor meinen Augen plötzlich ins Undeutliche verschwamm, »jetzt gehören wir auf ewig zusammen.«

2

Neues Leben

Die Höhle unter dem Schuppen hat eine Öffnung zur Seite eines unbebauten Nachbargrundstücks, eines schönen, zwei bis drei Hektar großen Parks mit altem Baumbestand und viel offenem Feld, das einstmals Professor Henry Norris Russell gehörte, einem berühmten Astronomen früherer Tage.

Sein im Viktorianischen Stil erbautes Haus aus bemalten Ziegeln, von einer breiten überdachten Galerie fast ganz umgeben, war großartig, aber häßlich gewesen. Es wurde abgerissen, als die Universität den Besitz von Russells Nachlaßverwaltern im Jahr 1969 kaufte. Da ich von der Universität die Erlaubnis erhalten hatte, auf einem Teil dieses Gartens Gemüse anzubauen, nennen Ed und ich es »die Farm«.

Von meinem Fenster im zweiten Stock, das nach Süden liegt, kann ich den Schuppen sehen und dahinter die ganze »Farm«.

An einem wunderschönen Morgen Anfang November, als Ed noch in England war, sah ich hinunter und bemerkte unsere streunende Hündin, wie sie zufrieden in der Sonne lag, wenige Meter vor dem Eingang zur Höhle.

Ich hatte sie noch nie so liegen sehen – und außerdem: was war denn das? Tatsächlich, die Welpen lagen da draußen bei ihr! Ich rannte hinunter, um sie zu begrüßen. Die Mutter rannte natürlich sofort weg, und umkreist mich dann aufmerksam. Statt der zwei oder drei Jungen, die wir erwartet hatten, zählte ich jetzt, zu meinem Erstaunen und Entsetzen, *sieben*! Fünf von ihnen hatten dieselbe braun-schwarze Zeichnung wie ihre Mutter, so daß man sich der Illusion hingeben konnte, man hätte es mit einer echten Hunderasse zu tun. Aber die zwei anderen zerstörten sofort diese Hoffnung: Sie waren im wesentlichen weiß, mit ein paar schwarzen oder braunen Flecken. Es könnte sogar zwei Väter zu diesem Wurf gegeben haben: einen mit demselben Aussehen wie die Mutter, und einen anderen, der fast oder ganz weiß war. Anders als ihre Mutter hatten diese winzigen Lebewesen überhaupt keine Angst vor mir: Sie schnappten nacheinander und zwickten sich gegenseitig, rannten hierhin und dorthin, gaben seltsame Laute von sich, fielen hin, machten Pipi, erprobten Alles und Nichts – gerade so, als wäre ich gar nicht da. Bisher hatten sie nur die finstere Höhle gekannt – und jetzt plötzlich gab es *all dies* zu sehen und auszuprobieren.

Eines der schwarz-braunen Tierchen war größer als die anderen, und zwei waren definitiv kleinwüchsig. Meiner laienhaften Meinung nach – die sich später als richtig herausstellte – waren alle außer einem schwarz-braunen Welpen Rüden. Von den beiden Kleinwüchsigen war eines ziemlich passiv und schien eingeschüchtert von seinen Geschwistern. Der andere Winzling jedoch war selbstbewußt und unabhängig: es war ganz unmöglich, ihn zu übersehen. Er knabberte an Stöckchen herum, nahm Papierschnitzel auf, griff fremde Dinge an und ließ sich nichts von seinen größeren Geschwistern gefallen. Er kam bald zu mir herüber, entdeckte meine Schnürsenkel und begann, sie zu zerkauen. Ich hockte mich hin, um ihn hoch zu nehmen, aber als ich die Hand nach ihm ausstreckte, stellte er beide Vorderpfoten auf meine Knie, legte seinen Kopf zur Seite und sah mir direkt in die Augen – ein Blick voller echter Neugier, ohne jede Spur von Angst: »Hallo – wer oder was bist du denn«, schien er zu fragen. Und von da an wußte ich, daß ich dieses kleine Wesen haben wollte – haben mußte! Kein Gedanke an Eds Einwände, kein Bedenken der Schwierigkeiten, der Probleme, ja der eigentlichen Unmöglichkeit dieser Entscheidung. Ich wußte nur, daß ich auserwählt worden war!

Später fing ich an, über diesen Hundewurf nachzudenken: Natürlich waren sie niedlich, entzückend, allerliebst; wie auch sollte eine Bande von drei Wochen alten Welpen sonst sein? Aber ich fand es doch erstaunlich, daß diese kleinen Tiere nicht nur absolut gesund zu sein schienen, sondern daß sie auch genauso verspielt waren, wie Welpen es sein sollten. Wie war es möglich, daß solche prächtigen Babys einer Mutter entstammten, die sich vom Augenblick ihrer Empfängnis an vorwiegend von Müllabfällen ernährt hatte? Und wieso konnten sie so vergnügt sein, während ihre Erzeugerin verängstigt und deprimiert war? Sie mußte übernatürliche Kräfte haben, um auf mysteriöse Weise, fast aus dem Nichts heraus, solche perfekten Kreaturen in die Welt zu setzen und zu erhalten.

Und dann wunderte ich mich auch darüber, daß die Welpen überhaupt keine Angst vor mir hatten. Woher wußten sie, daß ich sie nicht auffressen würde? Wieso waren sie nicht erschrocken vor einem Tier, das, so wie ich, vierzig- oder fünfzigmal so groß war wie sie selbst? Sie hätten sich doch bestimmt ganz anders verhalten, wenn sie etwa einem Löwen begegnet wären. Ich vermutete die wissenschaftliche Erklärung dafür wäre die, daß dies etwas mit den Genen zu tun hatte. Hunde sind eben schon seit ungezählten Jahrhunderten domestizierte Tiere, und daher werden sie inzwischen schon mit der Gewißheit geboren, daß ein menschliches Wesen im allgemeinen akzeptabel ist, daß aber andere große Wesen, wie Löwen, dies nicht sind. Aber ich wollte diese Geschichte nicht so recht glauben; ich zog es vor, anzunehmen, daß ihre Mutter durch ihr Verhalten – oder durch irgendein anderes geheimnisvolles Zeichen – ihnen zu verstehen gegeben hatte, daß sie *mich* nicht zu fürchten brauchten.

Ich schrieb Ed die aufregende Neuigkeit, daß nicht weniger als sieben Junge aus der Höhle unter unserem Schuppen hervorgekommen seien. Als Warnung schrieb ich ihm auch, sie seien »gefährlich niedlich«. Als er wenige Tage später aus England zurückkam, war er ebenso begeistert von ihnen wie ich. Es wurde schwierig, der Versuchung zu widerstehen, überhaupt nicht mehr zu arbeiten und statt dessen ein vollbeschäftigter Welpenbeobachter zu werden. Wie sollte man sich denn auch dem Vergnügen entziehen, zuzusehen wie sie rannten und spielten und sich bekämpften und stolperten und ihre Nasen in alles und jedes steckten? Wir lachten, wenn der freche Winzling den Schwanz seiner Mutter für ein perfektes Spielzeug hielt; er versuchte, ihn zu fangen, wenn sie ihn im Liegen vor seiner Nase hin und her wedelte, und wenn sie davon genug hatte und aufstand, so machte ihm das noch mehr Spaß, weil er sie dann jagen und dem sich ihm entziehenden Schwanz mit wütendem, hellen Gebell nachspringen konnte.

Wenn wir weit genug weg waren, ließ es die Mutter zu, daß wir sie beim Säugen ihrer Jungen beobachteten. Sie schien in eine Art von Trance zu versinken, während die Welpen ihre Schnäuzchen gegen ihren Bauch stupsten oder die Milch mit ihren Pfötchen aus den Zitzen herausdrückten. In einem dieser »Du und Dein Hund«-Bücher, die wir ausgeliehen hatten, lasen wir, daß die Welpen ungefähr in diesem Alter schon feste Nahrung bekommen sollten, und so besorgten wir uns einen Vorrat an fertiger Hunde-Baby-Nahrung sowie Milch. Dies war ein großer Erfolg bei den Kleinen: Sie überfielen uns, wenn wir mit den zwei Schüsseln voller Futter anrückten, quietschten und schrien in Erwartung, die Schwänzchen in wilder Bewegung, ihre Pfoten an unseren Hosen abwischend. Die Näpfe hatten kaum den Boden berührt, als sie schon anfingen zu kauen und zu schlürfen und sich wie auf Befehl, in zwei gierigen Gruppen um sie drängten.

Nach diesen Mahlzeiten spielten wir oft mit ihnen, rollten sie auf den Rücken und ließen sie an unseren Fingern knabbern. Ihre prallen Bäuchlein, ihr weiches Fell und die schnellen Tritte ihrer gepolsterten Hinterpfoten auf meinem Handrücken, verfehlten bei mir nie die Wirkung, so etwas wie väterliche Gefühle auszulösen.

Seit die kleinen Hunde zu einer solchen ständigen Freude für Ed und mich geworden waren, hatten wir Roger Breeses früheren Vorschlag, ihn nun zu bestellen, um sie und ihre Mutter abzuholen, natürlich vollkommen vergessen. Trotzdem war Ed noch immer eisern dagegen, auch nur einen Hund auf Dauer zu behalten. Sowie die Hunde acht Wochen alt würden – also alt genug, um ihre Mutter zu verlassen, würden sie alle zu Jeanne Graves gebracht werden, der Direktorin des ›Vereins zur Rettung kleiner Tiere‹, damit sie dafür sorgte, daß sie ein gutes Zuhause fänden. Nach außen hin mußte ich mit diesem Plan einverstanden sein, aber innerlich war ich strikt dagegen. Ich war entschlossen, auf jeden Fall den tapferen Kleinen zu behalten. Und seit seine Mutter mich mit dem Wedeln ihres Schwanzes umgarnt hatte, dachte ich auch nicht mehr daran, sie gehen zu lassen.

Ich zerbrach mir meinen Kopf darüber, wie ich Eds Argumente widerlegen konnte – ohne Erfolg. Seine Begründungen waren einfach zu gut: Wir hatten wirklich in unserem hektischen Tagesplan keine Zeit für die Pflege von Haustieren. Und sein Standpunkt in dieser Sache zählte um so mehr, als er schließlich der Besitzer des Hauses war, in dem wir beide wohnten. Obwohl er diese Tatsache niemals erwähnte, wußte ich, daß, wenn er keine Hunde haben wollte, dies einfach das letzte Wort war.

Wie konnte ich also Ed herumkriegen, meine unvernünftigen Hundepläne zu akzeptieren? Es war mir klar, daß ich an sein Herz appellieren mußte, nicht an seinen Verstand. Sollte ich damit beginnen, ihn dazu zu bringen, einzugestehen, wie entzückend er die jungen Hunde doch selbst fände? Nein – denn junge Hunde werden schnell erwachsen. Und wir hatten keine Ahnung, in was für Tiere sich diese charmanten Geschöpfe schließlich verwandeln würden. Es waren also nicht die Welpen, sondern ihre Mutter, die vielleicht eine Veränderung in Eds Gefühlen bewerkstelligen könnte, und mir fiel schließlich ein, welchen Zaubertrank ich in Eds Ohr träufeln mußte, um ihn umzustimmen.

»Sag mal«, begann ich eines Abends beim Abendbrot, während ich versuchte, gleichgültig zu klingen, »was meinst du wird aus der Hündin werden, wenn die Kleinen entwöhnt sind?«

»Nun«, sagte er, »ich nehme an, sie wird ihr altes Leben wieder aufnehmen.«

»Wieder Herumstreunen mit den anderen wilden Hunden? Das ist doch ein ziemlich rauhes Leben, meinst du nicht, besonders jetzt bei dem kalten Wetter?« Und nach einer Pause, als ob ich es mir gerade überlegte, fügte ich hinzu: »Natürlich könnte Jeanne Graves versuchen, ein Zuhause für sie zu finden«.

Aus der Art und Weise, wie er die Schultern sinken ließ und wie er aus dem Fenster starrte, wußte ich, daß ich einen Treffer gelandet hatte. Wir wußten beide, daß selbst Jeanne Graves, ein Genie in der Unterbringung aller Arten und Nicht-Arten von Hunden, kein Zuhause für die Mutter unserer Kleinen finden könnte, denn sie war nicht sehr attraktiv: Ihre Beine waren zu kurz, ihr Körper zu breit, ihr Fell zu stumpf. Schlimmer noch, sie war außerordentlich scheu und schien sehr gedemütigt und freudlos zu sein.

»Wer würde sie denn schon haben wollen?« fragte Ed leise. Ich schloß aus dem gequälten Ausdruck seines Gesichts, daß die harten Mauern seiner Opposition zu wanken begannen.

Ich wollte die Sache nicht zu schnell vorantreiben und ließ deshalb zwei Tage vergehen, bevor ich zum nächsten Schlag ausholte.

»Sieh mal«, sagte ich zu Ed, als ob mir der Gedanke gerade erst käme, »wie wär's denn, wenn wir sie als draußen lebenden Hund behalten würden? Das würde uns keine Mühe machen – wir aber bräuchten sie bloß zu füttern«. Mein Gedanke war der, daß dieses Vorgehen nur eine minimale Veränderung von dem bedeuten würde, was wir jetzt schon hatten. Es wäre ein Mittelding zwischen einer Adoption und keiner Adoption.

»Na ja«, sagte er mit einem Seufzer, »das wäre eine Möglichkeit. Laß uns darüber nachdenken.«

Nach dieser Antwort wußte ich, daß die Schlacht schon fast gewonnen war. Es war nur noch eine Frage der Zeit, bis er kapitulieren würde.

In den folgenden Tagen bemerkte er beiläufig, was für eine gute Mutter die Hündin doch sei, sanft, aber doch auch streng mit ihren Jungen. Sie leckte liebevoll deren Ohren. Sie ließ sie an sich herumknabbern, bis die spitzen Zähnchen ihr weh taten, erst dann stoppte sie mit einer raschen Bewegung ihres Kopfes und einem gespielten Knurren des Mißfallens dieses Spiel. Und sie leckte auch ihre kleinen Hintern, um die Verdauung anzuregen.

Schließlich gab Ed zu, daß – obwohl er die Idee haßte – wir keine Wahl hätten, als die uns zugelaufene Hündin zu behalten – oder dies jedenfalls zu versuchen –, aber nur draußen.

»Was anderes können wir sonst tun?« meinte er. »Wir können sie doch nicht einfach ihrem Schicksal überlassen, vor allem jetzt, wo es kalt wird.«

»Das ist richtig, wir haben keine Wahl«, antwortete ich, mit dem Bemühen, nicht zu eifrig zu klingen bei der Zustimmung zu unserer neuen Verantwortung.

»Allerdings wird sie wohl kaum eine Quelle steter Freude für uns sein«, bemerkte Ed ziemlich hoffnungslos. »Nein«, antwortete ich, »eher eine Belastung, nehme ich an.«

Und jetzt, dachte ich mir, ist der Moment, um noch einen Versuch für den Winzling zu machen. »So laß uns doch noch einen von ihren Jungen adoptieren«, schlug ich vor. »Zwei Hunde machen nicht mehr Mühe als einer, und vielleicht haben wir dann etwas mehr Spaß an der Sache«.

Ed schloß die Augen und nickte mit ergebenem Lächeln. »Du möchtest unbedingt den Kleinen behalten, nicht wahr? Also gut, okay, okay!«

Und so geschah es, zum Guten oder zum Schlechten: Wir hatten zwei Hunde adoptiert!

Wir begannen nun, uns Namen für unsere neuen Schützlinge auszudenken. Da ich an einer schlimmen Sorte von Unfähigkeit leide, die mein verstorbener Freund und Kollege Walter Kaufmann ›Entscheidungsphobie‹ nannte – die Angst davor, Entscheidungen zu treffen –, schien mir keiner der vorgeschlagenen Namen der richtige zu sein. Schließlich wies Ed darauf hin, daß die Hündin mit ihren großen steifen Ohren und ihrem vollen Gesäuge der Wölfin sehr ähnlich sei, die Romulus und Remus ernährt hatte – und wenn wir sie breitbeinig über ihren säugenden Jungen stehen sahen, wurden wir stark an die berühmte Statue der römischen Wölfin erinnert. Aber wie hieß diese denn? Wir fanden keine Antwort darauf in allen Büchern, in denen wir nachschlugen, und selbst unsere Freunde aus der Altphilologie wußten es nicht, also beschlossen wir, sie einfach »Lupa« zu nennen, die weibliche Form des italienischen Wortes für Wolf. Ihr kleiner Sohn mußte dann also »Remus« heißen, denn dieser Name paßte viel besser zu unserem kleinen, dünnen, selbstbewußten Tier als »Romulus«, dessen Wortlaut uns eine gewisse Rundung der Form und auch einen Mangel an Intelligenz zu bedeuten schien. Nein, nein – ›Remus‹ war viel besser geeignet.

Obwohl wir es nie aussprachen, wußten wir, daß die Namensgebung der Tiere ein bedeutender Akt war: Es war ein Eingeständnis dafür, daß sie, für uns jedenfalls, so etwas wie Personen seien, und zwar Personen, für die wir von jetzt an verantwortlich waren. Wir verpflichteten uns damit auf sehr ernsthafte Weise – so, als ob man ein Gelübde ablegt.

An einem Nachmittag im Dezember, als der Winter schon kurz vor der Tür stand, fiel gefrierender Regen. Während der Nacht nahm er an Stärke zu und entwickelte sich zu einem Sturm von biblischem Ausmaß. Das windgepeitschte Wasser stürzte herab und rüttelte an unseren Fenstern; die Läden schlugen hin und her. Zwischen kurzen Perioden des Schlafes sah ich Ströme von Wasser sich hier und dort im Hof bilden, die lose Erde den Hang hinunter zur Farm tragen würden. Am Morgen würden wir literweise Wasser im Keller haben. Und was, um Himmels willen, würde mit Lupa und ihren Kindern unter dem Schuppen passieren? Die Höhle würde zu einem schlammigen Moor werden. Ich stellte mir die Tiere zitternd, frierend, wimmernd vor, halb verrückt vor Angst.

Beim ersten Morgengrauen stand ich auf und sah, daß wenigstens der Regen aufgehört hatte. Ed war schon wach und beschwerte sich, daß er nicht gut geschlafen habe.

»Ich auch nicht«, sagte ich. »War es der Sturm oder die Hunde?«

»Na ja«, sagte er, und mit der Geste seiner Hände gestand er, daß es die Sorge um die Hunde war, die ihn wach gehalten hatte.

Auf unserem Weg hinunter zum Schuppen hatte ich Visionen von halb-ertrunkenen, rattengleichen Wesen mit verglasten Augen, herumwankend, vielleicht sogar zu schwach, um sich zu bewegen. Was wir jedoch vorfanden, waren sieben nasse, schmutzige Welpen, die den neuen Tag freudig begrüßten, ihre Munterkeit ungeschmälert, überwacht von ihrer wunderbarerweise knochentrockenen Mutter.

Als wir erleichtert unser Frühstück bereiteten, sahen wir Lupa, wie sie alle sieben ihrer Kinder säugte. Sie stand nahe beim Schuppen, die Beine etwas gespreizt, um ihnen leichteren Zugang zu gewähren, während die Welpen unter ihr tanzten und purzelten und die wunderbare Milch saugten. Während sie herumtollten, um immer neue, möglicherweise noch milchigere Zapfstellen zu finden, beugte sie sich herab, um hier ein Ohr, dort eine Flanke zu lecken. Ein Zeichen mütterlicher Liebe? Sicherlich, aber es war auch die mütterliche Sorge um Sauberkeit, wie wir nach dem Frühstück entdeckten – denn bis dahin hatte sie auch die letzte Spur von Schlamm vom Fell ihrer Kinder geleckt.

Obwohl der Sturm also kein großes Unheil angerichtet hatte, waren wir doch entschlossen, die Hunde nicht noch einer solchen Nacht auszusetzen: Sie mußten einen Stock höher ziehen, in die ›Bel Etage‹, den Schuppen selbst.

Am selben Nachmittag räumten wir also eine Ecke des Schuppens aus und legten sie mit einigen Stücken Sackleinwand und einer alten Decke aus und schufen so ein, wie wir meinten, unwiderstehlich gemütliches Nest. Wir ließen die Tür zum Schuppen einladend offen – aber keiner aus unserer Truppe schien das zu bemerken. Da keine Aussicht bestand, Lupa in ihr neues Quartier zu locken, trugen wir die Welpen einen nach dem anderen dorthin. Einer nach dem anderen krabbelte jedoch sofort wieder heraus und verschwand in der gewohnten Höhle darunter.

Nach dem Abendbrot nahmen wir eine Taschenlampe mit und gingen über den Hof, um nachzusehen. Kein Welpe zu sehen! Aber dort in der Ecke des Schuppens lag Lupa auf unserer alten Decke. Sie drehte den Kopf vom Licht weg.

»Schau mal«, sagte Ed, »das ist doch kein bösartiger Hund!«

(»Nein, natürlich nicht«, dachte ich, fast beleidigt.) Wir knieten uns zu ihr hin und berührten sie zum ersten Mal tatsächlich. Wir streichelten sie und sprachen sanft mit ihr: »Was für ein braves Mädchen«, und »Gefällt dir das?« und ähnliche Nichtigkeiten. Sie lag still, den Kopf abgewandt, als ob sie unser törichtes Gehabe lediglich ertrug. Aber als wir nach einer Weile damit aufhörten, wandte sie sich um und sah uns an – einladend, wie es mir schien –, und so streichelte ich wieder ihren Kopf und diesmal drückte sie ihn fast gegen meine Hand, in einer Geste absoluter Zuneigung. Dies war offensichtlich etwas, wonach sie sich gesehnt hatte. Und ich mich auch!

Wir blieben lange dort, ohne viel zu sprechen, schon damit zufrieden, dieser wilden Kreatur nahe zu sein, die uns, so hofften wir, endlich ein Zeichen ihres Vertrauens gegeben hatte.

Am nächsten Abend gingen wir wieder hinaus, um nachzusehen, und fanden Lupa wieder auf ihrem Bett, diesmal aber umgeben von ihren sieben Jungen. In der vorigen Nacht hatte sie also den Ort ausprobiert und für gut befunden und nun hatte sie also ihre Familie aus der Höhle heraufgeholt in den ersten Stock. Wie aber, fragte ich mich, hatte sie das hingezaubert? In der Nacht zuvor begriffen die Welpen – wieso? –, daß sie unten bleiben und ihrer Mutter nicht folgen sollten, aber heute wußten sie – wiederum: wieso? –, daß sie mitkommen sollten in das neue Quartier.

Wenn diese Art von nicht-verbaler Verständigung im Tierreich auch durchaus häufig ist, konnte ich doch nicht umhin, dies als ein weiteres Zeichen für Lupas übernatürliche Kräfte zu deuten.

Lupa und Remus sollten draußen lebende Hunde sein – obwohl ich heimlich hoffte, nur vorübergehend. Es war also jetzt, während sie im Schuppen wohnten, an der Zeit, einen höheren Zaun um den Hof zu ziehen, anstatt des niedrigen Drahtzaunes, den wir geerbt hatten. Lupa sprang schon immerzu über eines der Tore, in der Gefahr, sich ernsthaft ihren weichen Bauch und ihre hängenden Zitzen zu verletzen. Um dies zu verhindern, hatten wir schon eine alte Badematte über das Tor gehängt. Ihre Absicht dabei war, zusätzlich Futter für ihre Jungen zu finden, was sie sehr erfolgreich dadurch tat, daß sie die Mülltonnen unserer Nachbarn durchsuchte und außerdem Kaninchen und Eichhörnchen fing. Eines Tages hatten wir sie – mit sehr gemischten Gefühlen – von einem solchen Ausflug mit einer frischen Kaninchenkeule im Maul zurückkehren sehen. Sie warf sie lässig ihren Jungen zu, die sie, so schnell sie konnten, gierig verschlangen.

Wir waren auch sehr verlegen, als uns Anne Poole, die direkt hinter uns wohnte, diskret darauf aufmerksam machte, daß Lupa ihren hübschen gepflegten Garten als ihre bevorzugte Toilette zu benutzen schien. Also ein höherer Zaun war absolut notwendig, und wir beauftragten Dante Nini damit, eine zwei Meter hohe hölzerne Einzäunung um unseren Hinterhof anzulegen.

Da Dante derjenige war, der die Höhle geschaffen hatte, in der Lupa ihre Jungen geworfen hatte, betrachteten wir ihn als so etwas wie einen Patenonkel für die Welpen und somit berechtigt, sich einen von ihnen auszusuchen – welchen immer er haben wollte, außer Remus. Er nahm das Angebot gern an und wählte sofort den größten von ihnen, einen prächtigen schwarz-braunen Rüden, den er später »Chipper« nannte. Und Margaret Wilson, eine meiner Kolleginnen am Philosophischen Institut, und ihr Mann Emmett kamen eines Tages vorbei und sagten, sie würden gerne einen der weißen Welpen nehmen. Sie nannten ihn »Norman«.

Dante hatte einige andere wichtige Aufträge zu erledigen, während er unseren Zaun anlegte, so daß die Fertigung zwei oder drei Wochen dauerte. Zuerst mußte er natürlich tiefe Löcher für die Pfosten in den Boden graben. Eines Tages, nach einem starken Regenfall nachts zuvor, sahen wir zu unserem Entsetzen einen der weißen Welpen kopfüber in eines dieser Löcher fallen und mit wild strampelnden Hinterbeinen darin stecken bleiben. Wir konnten ihn schnell herausholen und sogar über den komischen Ausdruck in seinem Gesicht lachen, aber er war nur knapp dem Tod entronnen: Er wäre gewiß ertrunken, wenn wir ihm nicht gleich hätten helfen können. – Es versteht sich von selbst, daß die Löcher sofort abgedeckt wurden.

Eines Tages – die Welpen schliefen gerade im Schuppen – sprang ein wunderschöner schwarz-brauner Rüde, doppelt so groß wie Lupa, elegant über eines der Gartentore und begrüßte sie schwanzwedelnd zärtlich mit der Nase. Ich wußte sofort, als ich ihre freundliche, aber reservierte Erwiderung sah, daß diese beiden Hunde sich gut kannten. Er untersuchte unseren Hof gründlich, und Lupa hatte keine Einwände, aber als er seine Nase neugierig in den Schuppen steckte, rannte sie mit feindlichem Gebell auf ihn zu und trieb ihn über den Zaun davon.

Es war ganz offensichtlich, daß er der Vater der fünf schwarz-braunen Welpen war – und so tauften wir ihn »Big Daddy«. Wir sahen ihn später oft in der Stadt herumwandern, immer allein, gesund und zuversichtlich – ein lebendes Beispiel für die Vorteile des ungebundenen Lebens. Er kam jedoch nie zurück zu unserem Haus. Und so blieb Lupa eine alleinerziehende Mutter mit abhängigen Kindern!

Soweit wir schätzen konnten, würden die jungen Hunde Mitte Dezember etwa acht Wochen alt sein – also Zeit, sie von der Mutter zu trennen. Remus blieb natürlich bei uns und wir hatten versprochen, Chipper und Norman noch ein paar Tage länger zu behalten, bis der Haushalt von Nini und von den Wilsons bereit war, die noch nicht stubenreinen Welpen zu empfangen. Für die anderen vier Jungen verabredeten wir mit Roger Breese, daß er sie am 15. Dezember abholen und zum Tierheim bringen könnte. Jeanne Graves versicherte uns, daß sie so kurz vor Weihnachten keine Schwierigkeit haben würde, für jeden von ihnen ein gutes Zuhause zu finden.

Breese erschien zur verabredeten Stunde, und als er um die Ecke in den Hof einfuhr, rannte Lupa sofort weit weg in die entfernteste Ecke der Farm. Kante sie Breese aus ihrem früheren Leben oder rannte sie nur vor einem Fremden weg? Jedenfalls wußte sie, was bevorstand. Sie *wußte* es!

Obwohl mich Lupas Abwesenheit beunruhigte, machte sie es doch einfacher für uns, ihre vier ahnungslosen Welpen zusammenzuholen. Alles ging gut, bis der Lieferwagen mit den vier erstaunten Jungen aus unserer Ausfahrt verschwunden war. Wir drehten uns um und gingen ins Haus, und ich fing plötzlich, ohne jede Vorwarnung an zu heulen. Blöd, natürlich, ganz irrational: das wußte ich, noch während die Tränen flossen. Aber ich konnte den Gedanken nicht ertragen, daß es grausam war für diese jungen Tiere, so plötzlich ihrer Mutter entrissen zu werden, aus ihrer Welt, um an einen fremden Ort aus Ziegelsteinen und Käfigen und voller fremder Menschen gebracht zu werden, ich fühlte mich schuldig. Ed und ich hatten die vier Welpen betrogen, und, vor allem, auch Lupa. Würde sie uns weiterhin vertrauen?

Als sie später zurückkam und ihre verschwundenen Kinder überall suchte, sah sie uns vorwurfsvoll an! Ich hätte schwören mögen, daß sie das tat! Hatte ich sie nicht jammern gehört?

An einem Sonntagmorgen, noch bevor der neue Zaun fertig war, wachten wir auf und sahen in einen leeren Hinterhof. Lupas Abwesenheit war ja nicht besonders überraschend, denn sie ging immer auf Futtersuche, aber keines ihrer Kinder hatte je den Hof verlassen. Wir suchten sie im Schuppen, in ihrer alten Höhle darunter und überall im Haus. Sie waren *alle* verschwunden. Ich war ganz atemlos vor Schock – und außerdem sollte Dante an dem Nachmittag Chipper abholen. Düstere Vorstellungen davon, was passiert sein könnte, befielen mich sofort: Lupa war ihrer Halb-Gefangenschaft überdrüssig und hatte ihr freies wildes Leben wieder aufgenommen, und die drei Welpen waren ihr gefolgt. Alle vier lagen jetzt tot auf der Alexander Street, von Autos überfahren. Vergiftetes Fleisch war in den Hof geworfen worden, und die Hunde waren davongewankt, um zu sterben; Diebe waren über Nacht eingebrochen, hatten die Hunde mitgenommen, um sie an eine der Versuchsanstalten zu verkaufen, wo schmerzhafte Experimente mit ihnen angestellt wurden. Und so weiter …

Wir suchten die Nachbarschaft ab, den nahen Springdale Golfplatz und das Graduate College.

Wir gingen zum Theologischen Seminar, dann zum Universitätsgebäude und zum ›Princeton Inn‹. Ich warf einen schnellen ängstlichen Blick die Alexander Street entlang und fand sie, Gott sei Dank, ohne Leichen vor.

Später am Morgen, als wir von einer weiteren erfolglosen Suche die College Road entlang nach Hause gingen, sahen wir aus der Richtung des Theologischen Seminars eine vergnügte Bande auf uns zukommen: Lupa voran, ihre drei Schützlinge im Gefolge, tapfer versuchend, mit ihr Schritt zu halten! Sie hatten alle einen herrlichen Sonntagmorgen-Auslauf gehabt und waren sehr mit sich zufrieden! – Wir fanden später das Loch unter Lupas Badematten-Tor, das die Welpen gegraben hatten: *diesmal* wollten *sie* keinesfalls zurückbleiben, wenn ihre Mutter zu einer ihrer Expeditionen aufbrach!

»Weißt du«, sagte ich später zu Ed während unseres sehr verspäteten Frühstücks, »du warst ziemlich aufgeregt, als die Hunde verschwunden waren. Genauso wie ich!«

»Ja, das kann schon sein«, gab er zu, während er sich seine zweite Tasse Tee einschenkte. Dann, nach ein paar Schlucken, setzte er die Tasse ab und meinte: »Und willst du noch was wissen? – Ich war fast zu Tränen gerührt, als ich sie vom Seminar auf uns zurennen sah!«

An dem Nachmittag kam Dante und holte sich Chipper ab, und später in der Woche wurde er mit dem neuen Zaun fertig. Danach hatten wir Norman nur noch für eine kurze Weile, aber dann kam er auch weg in sein neues Zuhause. Es tat uns leid, ihn zu verlieren: Er liebte Remus sehr und es war sehr rührend gewesen, sie nebeneinander schlafen zu sehen, mit Normans Kopf auf Remus' Rücken oder eine seiner Pfoten liebevoll über dessen Flanke gelegt.

Eines Tages um die Mittagszeit, nicht lange nachdem unser neues Leben mit nur Lupa und Remus begonnen hatte, rief ich Ed aufgeregt ans Küchenfenster: Lupa spielte draußen mit einem der Plastik-Knochen, die wir für ihre Kinder gekauft hatten! Mit einer großen Drehung ihres gesamten Körpers warf sie ihn hoch, fing ihn auf, kaute kurz darauf herum und schüttelte dann ihren Kopf mit dem Knochen in der Schnauze. Mit steilaufgerichtetem Schwanz rannte sie mit ihm im Maul herum, spreizte sich, tanzte mit ihm. War sie glücklich? Oh ja, und wie!

3

Der Einzug

Das Tierheim, das Jeanne Graves mit so fachmännischer und liebevoller Fürsorge führte, ist ein kleines, hübsches Gebäude an der Route 206, zwei oder drei Meilen vom Stadtzentrum entfernt.

Ed und ich fuhren fast jeden zweiten Tag hin, um zu sehen, wie es unseren vier verwaisten Welpen ging. Sie waren, je zu zweit, in zwei nebeneinanderliegenden Zwingern untergebracht. Wir fanden sie meist in der hintersten Ecke ihres Käfigs liegend vor, ziemlich verlassen aussehend, aber wenn sie uns sahen, rannten sie sofort nach vorn, um unsere Hände zu lecken und gestreichelt zu werden. Mein erster Impuls war jedesmal, sie hochzunehmen und sofort nach Hause zu bringen.

»Diese Hündchen hatten eine sehr gute Mutter«, sagte uns Jeanne, »und zwei sehr gute Patenonkel«. Ich war ihr dankbar für das Lob, überlegte aber im stillen, ob ein wirklich guter Pate seine Patenkinder so alleingelassen hätte.

Die drei Rüden wurden, einer nach dem anderen, jedoch bald adoptiert; aber niemand schien die kleine Hündin des Wurfs haben zu wollen. Ed und ich entschieden daher, nach einigen recht qualvollen Diskussionen, daß wir sie zu uns nehmen würden, wenn sie nach Weihnachten noch nicht abgeholt worden war. Wir hatten gewiß keinen Platz für drei Hunde, aber wir dachten – und speziell ich fürchtete sehr –, daß Lupa uns womöglich nach einer gewissen Zeit verlassen würde. – Aber eines Tages, als die kleine Hündin, nun scheinbar ganz allein auf der Welt, sehr verzweifelt war, gab Jeanne ihr einen Spielzeug-Knochen. Die Kleine spielte gerade damit, warf ihn hoch in die Luft und sprang ihn dann an (geradeso wie Lupa es gemacht hatte), als ein Mann, der ins Tierheim gekommen war, um ein Weihnachtsgeschenk für seine Kinder auszusuchen, sie sah. Er war von ihr total begeistert und adoptierte sie sofort.

Was aber würde nun aus Lupa werden? Wir hatten ihr ein schönes knallrotes Halsband angelegt mit Anhängern, die besagten, daß sie uns gehörte – aber war sie damit einverstanden? Würde sie sich wirklich bei uns eingewöhnen, oder wartete sie vielmehr nur auf eine Gelegenheit, zu ihren alten Kumpanen zurückzukehren? Ich habe, soweit ich mich erinnern kann, mein Leben lang immer das Schlimmste erwartet, und so war ich ziemlich sicher, daß sie eines Tages, vielleicht schon bald, dem Ruf der Wildnis folgen würde – obwohl es zunehmend so schien, als sei sie durchaus zufrieden mit ihrem Zustand der Häuslichkeit.

Trotz dieser Angst mußte ich einsehen, daß wir Lupa und Remus nicht für immer hinter Dantes hohem Holzzaun eingesperrt lassen konnten. Sie mußten laufen, rennen und spielen können. An einem sonnigen Tag im Dezember, nachdem Chipper und Norman uns verlassen hatten, beschlossen wir also, daß es an der Zeit für Lupa war, ihr Schicksal selbst zu entscheiden.

Mit ihrer neuen Leine in der Hand, versuchte ich, vergnügt auszusehen – oder jedenfalls nicht ängstlich –, als ich mich Lupa näherte. Wir hatten dummerweise eine schwere Kette aus riesigen metallenen Gliedern gekauft, die genügt hätte, einen rabiaten Ochsen zu bändigen. Ich war sehr erleichtert, als sie es sich lammfromm gefallen ließ, sie anzulegen und damit herumgeführt zu werden. Ed hakte Remus an eine dünne, leichte Leine und dann begann »Unser Erster Spaziergang«.

Unser Haus liegt einen Steinwurf vom Springdale Golfplatz entfernt, einem herrlichen, parkartigen Gelände, das sich hervorragend für einen Hundespaziergang eignet. Wir gingen also hinaus auf den Golfplatz, der jetzt im Winter menschenleer war. Mit den Hunden an der Leine liefen wir hinüber zum Graduate College, hinter den ersten beiden Golf-Löchern. Es lag kein Schnee, so daß wir Lupas Spuren nicht würden folgen können, sollte sie in die Freiheit ausbrechen.

»Vielleicht sollten wir sie heute noch nicht losmachen«, sagte ich. »Wäre es nicht besser, ihr noch ein bißchen Zeit zu lassen, sich an uns zu gewöhnen?«

»Komm jetzt«, antwortete Ed, »wir haben dies alles schon besprochen und danach unsere Entscheidung getroffen. Laß es uns einfach probieren und sehen, was passiert«.

Wir hakten Lupa also von der Leine ab. Sie sah uns an, als wollte sie sagen: »Danke, es war schön, euch kennengelernt zu haben« – und rannte dann geradeaus weg, den dritten Fairway hinunter, mit Höchstgeschwindigkeit zum vierten Golfloch und in die Wälder dahinter.

Wir liefen hinter ihr her – nicht sehr zuversichtlich –, und ich fiel bald in Trab, während Ed wegen des jungen Remus langsamer gehen mußte. Ich konnte Lupa am

Rande des Waldes sehen, die Nase am Boden, wie sie aufgeregt eine Spur verfolgte – ein Kaninchen vielleicht oder ein anderes Tier, was weiß ich.

Wir existierten nicht mehr für sie.

Dann verschwand sie im Wald. Wir riefen, wir spähten, wir lauschten. Ich lief tief in den Wald hinein, rief ihren Namen, während Ed am Waldrand mit Remus auf sie wartete. Als es sinnlos wurde, noch weiter auf sie zu warten, drehten wir um und machten uns auf den Weg nach Hause.

»Paß auf«, Ed legte mir tröstend die Hand auf die Schulter, »sie wird müde werden und dann selbst den Weg zu uns nach Hause finden.

»Ja, natürlich«, sagte ich. Ich war sicher, daß wir sie nie wiedersehen würden, und ich konnte in Eds Gesicht lesen, daß er dasselbe dachte.

Im Gehen sahen wir uns immer wieder um, zu den Wäldern hinüber. Als wir schließlich zum ›Princeton Inn‹ kamen, fast schon zu Hause, drehte ich mich noch einmal auf einen letzten Blick um – und da kam sie! Fünfzig Meter hinter uns, uns langsam folgend. Als ich ihr entgegenrannte, hielt sie an. Sie war außer Atem, und der Speichel tropfte von der zarten Spitze ihrer hell-rosa Zunge. Ihre Lefzen waren zurückgezogen, so daß es aussah, als lächelte sie. Ich sah zum ersten Mal, wie schön sie war. Sie sah mich an, als ob sie sagen wollte: »Junge, das hat Spaß gemacht!« – aber was ich verstand, war nur, daß sie zu uns gehörte, jetzt und auf ewig!

Lupa ließ sich bereitwillig anleinen. Sie akzeptierte sogar meine freudige Umarmung und den Kuß, den ich ihr auf die Nase setzte. Ich glaube, sie hatte keine Ahnung, was all das Theater sollte. Aber Remus hatte jetzt endgültig genug von allem. Er streckte sich auf dem Boden aus, um zu zeigen, daß er auf keinen Fall auch nur einen einzigen Schritt weitergehen würde. Ed nahm ihn hoch und so gingen wir nach Hause, Lupa brav an meiner Seite und Remus total erschöpft und glücklich in Eds Armen.

Die nächste dringende Angelegenheit war die, die beiden Hunde vom Tierarzt untersuchen zu lassen. Wir wählten Jack Blumenthal als unseren Veterinär, einen großen, sanften Mann in den späten Fünfzigern, nicht nur, weil er ein alter Freund von uns war, sondern vor allem, weil er dafür bekannt war, daß er besonders behutsam mit den Tieren umging. Da Lupa allen Menschen gegenüber so überaus mißtrauisch war, konnten wir gar nicht sicher sein, wie sie sich bei ihrer ersten Arztvisite benehmen würde. Aber Jack beruhigte uns alle sofort, indem er zuerst einmal ganz leise und ruhig mit uns über dies und jenes plauderte – wahrscheinlich über Kunst oder über die französische Küche, zwei seiner Passionen –, während er Lupa sanft streichelte. Sogar als er sie dann auf den metall-glatten Untersuchungstisch hob, zeigte sie keine Angst: Sie stand da, ihre großen Ohren steil aufgerichtet, offensichtlich alarmiert, aber ganz ruhig und unbeweglich und akzeptierte stoisch alles, was ihr nun bevorstand.

Jack meinte, daß Lupa ungefähr drei Jahre alt wäre und in erstaunlich guter Verfassung sei. Sie hätte jedoch jede Art von Würmern in ihren Gedärmen, die der Medizin bekannt seien – außer, Gott sei Dank, dem Herzwurm. (Der Herzwurm ist ein grauenhaftes Ding. Aus seinen Eiern, die durch den Stich eines infizierten Moskitos in den Blutkreislauf des Hundes gelangen, entwickeln sich lange dünne Würmer, die zum Herzen des Wirtes wandern, es verstopfen, und dadurch schließlich den

Hund töten.) Jack verordnete Lupa eine Tablettenkur, die diese unerwünschten Bewohner ihres Verdauungskanals nach und nach hinausbefördern würden. – Es dauerte fast ein Jahr, bis sie ihren Darm wieder ganz ihr Eigen nennen konnte.

Sobald es Jack für richtig und unbedenklich hielt, Lupa zu sterilisieren, ließen wir es machen. Der Chirurg berichtete, daß Lupa eine bereits oft benutzte Gebärmutter hatte. Dies bestätigte nur unseren Verdacht, daß sie ein bewegtes Leben geführt hatte, denn wir hatten schon einige mittelgroße schwarz-braune Hunde in der Stadt gesehen, die Remus oder Lupa selbst verdammt ähnlich sahen. Da es eine enorme Überbevölkerung an Hunden und Katzen gibt, werden viele Millionen unerwünschter Tiere jedes Jahr getötet; Ed und ich hielten es deshalb für unsere moralische Pflicht, Lupa unfruchtbar zu machen. Allerdings verhinderte unser maskuliner Chauvinismus – oder eher unsere eigene neurotische Angst vor der Kastration –, es auch nur in Erwägung zu ziehen, Remus ebenfalls operieren zu lassen. Der Gedanke an Remus ohne seine Hoden erschien mir geradezu barbarisch. Wenn wir überhaupt darüber geredet hätten, würde ich wahrscheinlich gesagt haben, daß seine Kastration ein Akt der Verstümmelung wäre, und daß es seine Persönlichkeit, seinen Charakter auf schreckliche Weise verändern und ihn in ein fügsames, ganz uninteressantes Tier verwandeln würde.

Sollte ich nicht dieselben Hemmungen bei Lupa gehabt haben? Eigentlich doch, wie ich jetzt beschämt zugeben muß.

Der Plan war ja gewesen, Lupa und Remus als »im Freien lebende Hunde« zu halten. Jedenfalls war dies etwas, das Ed unbedingt wollte. (Ich hatte immer gehofft, daß sie »Freiluft-Hunde« nur so lange sein würden, bis Ed nachgab und sie ins Haus umziehen ließ.)

Wir bauten ihnen also eine Kiste aus festem Sperrholz, dick gepolstert mit vielen Lagen aus Zeitungspapier, über das wir Leinen schlugen, und stellten sie in eine Ecke des Schuppens, sozusagen ein gemütliches Haus-im-Haus. Ich bestand sogar darauf, auf einem Regal im Schuppen einen kleinen elektrischen Heizkörper zu installieren, der in den ganz kalten Winternächten angestellt werden sollte.

Ohne großes Aufheben gab Ed bald zu, daß es lächerlich wäre, den Hunden jeden Zugang zu unserem Haus zu verbieten. Er schien jetzt meine Meinung zu teilen, daß es keinen Sinn hätte, die Hunde zu behalten, wenn sie für immer draußen bleiben müßten. Also ließen wir sie eines Tages rein, ohne zu wissen, was uns erwartete. Remus hatte natürlich noch nie das Innere eines Hauses gesehen: Aufgeregt untersuchte er alles – Stühle, Tischbeine, Papierkörbe, Lampen, Teppiche. Es war ein tolles Abenteuer für ihn.

Wir wußten natürlich auch nicht, ob Lupa jemals in einem Haus gewesen war. Sie kroch in größter Alarmbereitschaft herum, so als ob sie gerade mit einem Fallschirm in ein feindliches Land abgesprungen wäre, und schnüffelte überall umher, als ob Gefahr drohte. Sie untersuchte die Küche äußerst gründlich und dann ein Zimmer nach dem anderen, bis sie sich überzeugt hatte, daß das Haus, jedenfalls momentan, frei von feindlichen Agenten sei.

Es sollte sich zeigen, daß Lupa absolut stubenrein war – also mußten menschliche Behausungen in ihrer Vergangenheit schon eine Rolle gespielt haben. Sie brachte auch Remus bei (jedenfalls hatte er es nicht von uns), daß kein

Hund, der etwas auf sich hält, dem natürlichen Bedürfnis innerhalb einer menschlichen Behausung nachgibt. Und er lernte schnell: Er machte nur einmal Pipi auf dem Wohnzimmerteppich (das heißt, es passierte noch einmal, aber das zweite Mal war es nicht seine Schuld, sondern unsere, denn er hatte uns schon sein Bedürfnis, hinauszugehen dadurch gezeigt, daß er sich an die Hintertür setzte).

Dies war übrigens unsere erste Begegnung mit Remus' bevorzugter Methode, uns zu zeigen, was er wollte, nämlich der des »bedeutsamen Sitzens«. Wenn er etwa einen Hundekuchen haben wollte, so setzte er sich einfach neben die Schachtel mit dem Hundekuchen und starrte uns an. War er überdies der Meinung, daß es sein absolutes Recht wäre, einen Hundekuchen zu bekommen, dann wurde sein starrer Blick begleitet von einem Ducken des Kopfes und einem Stirnrunzeln, das uns deutlich der Grausamkeit bezichtigte, vielleicht sogar krimineller Grausamkeit. Diese Methode, muß ich sagen, war höchst erfolgreich –, und sie war nur Remus eigen; jedenfalls hatte er sie nicht von Lupa gelernt, die das ganz anders machte. Sie zeigte uns, daß sie etwas wollte, indem sie ihre Pfote sanft auf unser Knie legte, uns erwartungsvoll in die Augen sah, vielleicht auch, indem sie dabei leise weinte. Auch diese Methode hatte guten Erfolg.

Obwohl die Hunde sich tagsüber bald brav im Haus verhielten, brachten wir sie doch nachts zum Schlafen in ihre Behausung im Schuppen. Aber jeden Morgen, lange bevor wir oder unsere Nachbarn den neuen Tag beginnen wollten, kamen sie an die Hintertür und bellten laut, um hereingelassen zu werden. (Da die Methoden des »bedeutsamen Sitzens« sowie der »Pfote-auf-dem-Knie«

hierfür nicht anwendungsfähig waren, mußten ja deutliche Zeichen gesetzt werden.) Eines unserer Hundebücher – wir hatten inzwischen eine ansehnliche Sammlung von ihnen – empfahl als die beste Methode gegen dieses Benehmen, leere Blechdosen in die Nähe der Störenfriede zu werfen, wenn sie den unerwünschten Lärm machten. Also begannen wir, leere Blech- und Aluminiumdosen zu sammeln. Als wir meinten, genug beisammen zu haben, um eine eindrucksvolle Lektion erteilen zu können, stellte ich meinen Wecker auf sechs Uhr für den nächsten Morgen.

»Ed«, sagte ich, während ich an seine Schlafzimmertür klopfte, »steh auf, es ist sechs Uhr. Es ist Zeit, die Angriffs-Stellungen zu beziehen«.

Wir gingen in das Gäste-Zimmer und öffneten ganz leise das Fenster über der Hintertür. Ein eisiger Wind trieb uns in die Mitte des Zimmers, wo wir geduldig warteten. Beim ersten Gebell sprangen wir ans Fenster.

»Nein!« schrien wir, »nein, nicht!« – obwohl wir gedämpft rufen mußten, um die Nachbarn nicht zu wecken – und warfen einige Blechdosen auf den Weg neben der Hintertür. »Bäng!«, »Krach!« Wie laut das klang in der Morgenstille! Lupa und Remus guckten erstaunt nach oben. Sie schienen nicht glauben zu können, was sie gerade gesehen und gehört hatten. Wir zogen uns vom Fenster zurück und warteten. Nach ein paar Minuten, nachdem sie sich überzeugt hatten, daß böse Schreie und leere Blechdosen nicht wirklich auf sie heruntergestürzt waren, fingen sie wieder an zu bellen. Wir wiederholten sofort unser lächerliches Tun. Nach weiteren drei oder vier Tagen dieser Angriffe im Morgengrauen hatten wir gesiegt. Die Hunde warteten von nun an schweigend an der Hintertür.

4

Lupa

Nachdem die Hunde tagsüber ins Haus gezogen waren, wurde es leichter für uns, Lupa davon zu überzeugen, daß sie bei uns sicher war. Trotzdem war ihre Furcht vor den Menschen tief in ihrer Seele verwurzelt. Obwohl wir nie ihre Lebensgeschichte erfahren würden, waren wir doch sicher, daß irgendwelche grausamen oder jedenfalls lieblosen Menschen eine große Rolle darin gespielt hatten. Wir taten alles in unserer Macht, sie Tag für Tag davon zu überzeugen, daß wir nicht so waren wie die anderen, daß wir ihr nie weh tun würden, und daß wir sie sehr gern hatten. Aber aus der Art und Weise, wie sie meist dastand – halb geduckt, so daß sie schnell weglaufen könnte, wenn es nötig wäre –, und der Art, wie sie uns ansah, wenn wir auf sie zukamen – als ob sie sich fragte »Was habt ihr jetzt mit mir vor?« –, konnten wir schließen, daß unsere Bemühungen nicht sehr erfolgreich waren.

Allmählich fing ich an, durch ihre Widerspenstigkeit verletzt und verärgert zu sein. Ich hatte alles auch nur Denkbare getan, um ihre Zuneigung zu gewinnen und trotzdem behandelte sie mich, als wäre ich ein Sicherheitsrisiko für sie. Eines Tages wollte ich die Länge ihres Körpers messen, um zu wissen, wie groß die Matte sein müßte, die ich ihr kaufen wollte. Meine Absicht war also, ihr etwas Gutes zu tun, aber ich beging den Fehler, das Lineal schon in der Hand zu halten, als ich auf sie zukam. Als sie mich sah, stand sie auf und wollte wegkriechen. »Bleib da!«, sagte ich, und drückte sie sanft nieder. Aber wiederum versuchte sie wegzulaufen. Mein »Bleib hier« war diesmal strenger und mein Schubs hatte mehr Kraft. Aber sie weigerte sich, mir zu gehorchen und kroch wieder davon. Schließlich enttäuscht und total frustriert, schrie ich das verängstigte Tier an: »Bleib!« und schob sie, warf sie fast auf den Boden. Sie blieb zitternd dort liegen und ich maß ihre Länge, herzklopfend und schon voller Reue über mein Verhalten. – Der Philosoph Descartes war der Meinung, Gott hätte die Macht, vergangene Taten ungeschehen zu machen. Wenn mir diese Macht gegeben wäre, würde ich als erstes diesen unverzeihlichen Wutanfall gegen Lupa zu annullieren suchen.

Sie verzieh ihn mir jedoch, obwohl er unverzeihlich war. Tatsächlich konnten wir mit zunehmender Freude beobachten, wie sie sich ganz allmählich von dem freudlosen, mißtrauischen, wilden Tier, das wir kennengelernt hatten, in eine glückliche und liebevolle Gefährtin verwandelte. Die Zuneigung, die sie schließlich zu uns faßte, war unglaublich bewegend. Das magische Symbol, das uns mit ihr verband, war ihr Halsband. Sie trug es, so schien es uns, mit Stolz und in stiller Freude. Wann immer wir es abnehmen mußten – um sie zu baden oder zu kämmen und zu bürsten –, wurde sie unruhig und nahm fast ihr altes Aussehen eines mutlosen Geschöpfes an. Um ihr das Vertrauen wiederzugeben, brauchten wir ihr bloß das Halsband wieder umzumachen.

Lupa war zwar vorsichtig und auf gewisse Weise unsicher, aber sie hatte trotzdem etwas, was ich ihre »Straßenhund-Weisheit« nennen möchte. Was ich damit meine, ist, daß sie den Willen und die Fähigkeit hatte, auch in einer feindlichen Welt zu überleben. Zum Beispiel war sie in ihren besten Tagen ein guter Jäger. Der unerfahrene Remus würde, wenn er ein Eichhörnchen oder ein Kaninchen sah, ihm sofort hinterher ins Gebüsch springen; aber Lupa, weiser in diesen Dingen, würde draußen bleiben und warten, bis es herauskam, um es dann anzuspringen. Zu unserem Entsetzen sahen wir sie gelegentlich solche kleinen wilden Tiere fangen und ihnen mit einem fürchterlichen Ruck ihres Kopfes sofort das Genick brechen. Sie erstaunte uns sogar ein paarmal dadurch, daß sie tatsächlich die Bäume hinaufkletterte, um ein Eichkätzchen zu fangen. Dies waren oft Rottannen mit vielen kleinen Ästen, die sie wie die Sprossen einer Leiter benutzte. Sie erreichte zwar nie die Wipfel der Bäume, aber ich erinnere mich an eine Gelegenheit, bei der ihre Hinterpfoten weit über meinem Kopf waren. Da sie dann nicht recht wußte, wie sie von ihrer schwindelnden Höhe wieder herunterkommen sollte, ließ sie sich schließlich in meine ausgebreiteten Arme fallen.

Als Lupa einmal ihre Nase in den Höhleneingang einer Bisamratte steckte, am Ufer des Baches, der durch den Springdale Golfplatz fließt, wurde sie von dem Tier böse in die Nase gebissen. Als später ihre Schnauze anzuschwellen begann, brachten wir sie zu Dr. Jack Blumenthal, um ihr eine Tetanusspritze zu verabreichen. Zufällig war noch eine andere Impfung fällig, und so gab Jack ihr diese noch dazu. Die Kombination war jedoch zu stark für Lupa: Als wir nach Hause kamen und sie aus dem Auto stieg, sackte sie hilflos zu Boden. Ein sofortiger Anruf zu Jack ließ uns eiligst zurück in seine Praxis fahren; er wartete schon mit einer Spritze in der Hand, die ein Gegenmittel enthielt. Lupa fühlte sich ein, zwei Tage lang elend, und wir waren sehr beeindruckt von der Sorge um sie, die Remus an den Tag legte. Normalerweise neckte er sie so lange, bis sie mit ihm spielte, aber jetzt lag er still neben ihr und sah uns mit besorgtem Ausdruck an, wenn wir sie behandelten.

Remus liebte seine Mutter nicht nur, sondern er erwies ihr, meistens jedenfalls, große Ehrerbietung. Wenn es Kekse gab, wartete er, bis sie ihre bekommen hatte, und er ließ ihr auch den Vortritt an der Tür, wenn ein Spaziergang angesagt war. Während ihrer spielerischen Kämpfe zeigte er ihr nie, daß er viel stärker und beweglicher war als sie, sondern schonte sie. Außerdem hatte er eine Passion für ihren Urin, der wie eine Droge auf ihn wirkte: Wenn sie sich erleichtert hatte, rannte er hin und leckte den so herrlich befeuchteten Boden auf und delektierte sich an dem Elixier mit denselben Bewegungen seiner Zunge, demselben gedankenvollen Ausdruck seines Gesichtes, wie wir es bei einem unserer Freunde, einem Weinkenner, beobachtet hatten, wenn er einen erstklassigen Wein probierte. Man könnte sich fast vorstellen, daß Remus dem Urin seiner Mutter übernatürliche Kräfte zuschrieb. Vielleicht zu Recht!

Anders als ihr Sohn, war Lupa eher eine stoische Natur. Wenn Remus auf einen Dorn getreten war oder gefrorenen Schnee zwischen die Zehen bekam, so kam er sofort angekrochen und hielt uns die schmerzende Pfote entgegen, mit der Bitte, ihm zu helfen. Lupa würde das nie tun; sie würde sitzen bleiben wo sie war, still und ohne sich zu beschweren, bis wir mit unseren therapeutischen Zauberkräften zu ihr kamen. Sie war in allen Dingen viel geduldiger als ihr ungestümer Sohn. Während einer unserer vielen Sommerreisen, um Freunde in ihrem Ferien-Camp in Maine zu besuchen, ließen wir eines Tages die Hunde außerhalb des Hauses, während wir einen Ausflug machten, der drei bis vier Stunden währen sollte. Auf dem Rückweg sahen wir Remus uns auf der Landstraße entgegentrotten; er hatte genug gehabt von unserer Abwesenheit und wollte uns suchen. Lupa hingegen wartete geduldig auf uns an der Hintertür.

Während Remus annahm, daß die Welt ein heller Ort sei, an dem Schmerzen und Beschwerden nichts zu suchen hatten, wußte Lupa es besser – aus eigener, bitterer Erfahrung. Sie hatte sich damit abgefunden, daß das Leben schwierig war und voller Unannehmlichkeiten. Während eines anderen Ferienaufenthaltes in Maine bewegte Lupa nach einem Rennen im Wald immer wieder auf seltsame Weise ihren Kopf. Wir konnten anfangs nichts an ihr finden, aber als wir später bemerkten, daß sie weder aß noch etwas trank, sahen wir in ihrer Schnauze nach und entdeckten zu unserem größten Erschrecken unter ihrer Zunge einen Angelhaken, der sich in schlimmster Weise fest unter ihrer Zunge verklemmt hatte. Trotz der starken Schmerzen und der fürchterlichen Unbequemlichkeit hatte sie keinen Laut geäußert. Es war uns unmöglich, den Haken zu entfernen, und so fuhren wir sie zu dem Veterinär des Ortes, einem höchst kompetenten Mann mit dem entmutigenden Namen Dr. Toothaker, Dr. Zahnschmerz, der ihr eine Narkose geben mußte, um sie von dem scheußlichen Ding zu befreien.

Lupa war in ihren besten Jahren aggressiv, nicht nur gegenüber ihrer Jagdbeute, sondern auch gegenüber allen weiblichen Hunden, die es wagten, auf ihr Territorium zu kommen. Ihre Attacken auf eindringende Hündinnen dienten in erster Linie als Drohgebärde, und führten nie zu tatsächlichen Beißereien – aber sie sahen durchaus furchterregend aus. Man erwartet ja von Hunden, daß sie ihr Land verteidigen, aber Lupas Territorium, so wie sie es definierte, hatte eine wirklich enorme Ausdehnung. Es enthielt nicht nur unseren Garten und die große Farm nebenan, sondern auch den gesamten Springdale Golfplatz. Eines Tages griff sie auf dem Golfplatz eine absolut harmlose und freundliche Labradorhündin an, die unglücklicherweise »Misawee« (»Fehlamplatz«) hieß, und erhielt von ihr einen Biß, der eine bleibende Narbe in ihrem Gesicht zurückließ.

Sie betrachtete auch die tägliche Post, die durch einen Schlitz in der Haustür eingeworfen wurde, als eine Invasion ihres Lebensraumes. Wenn unser Briefträger einmal durch diesen Schlitz geblickt hätte, würde er nichts gesehen haben als Lupas geöffneten Rachen, bereit, das feindliche Postbündel zu verschlingen. Sie packte es, schüttelte es einige Male hin und her, als hätte sie Mord im Sinn und schleuderte es dann mit einem riesigen Schwung ihres Halses in die Luft, so daß ein Schauer von Kuverts und zerrissenem Papier auf die Treppe hinunterrauschte, den Fußboden entlang, hinter die Heizung, überall hin. Ramponierte Kataloge und zahndurchlöcherte Schecks waren in unserem Hause keine Seltenheit.

Da wir nur wenige kleine Kinder kannten, war Lupa nicht an sie gewöhnt und sie machten sie nervös. Einmal besuchte uns ein Großneffe von Ed, David Freedlander, ungefähr sechs Jahre alt, mit seiner Familie. Als er eines Morgens hinunter zum Frühstück gehen wollte, kam er schnell zurück in das Schlafzimmer seiner Eltern und erklärte: »Ich wollte die Treppe hinuntergehen, aber Lupa hat mich wieder hinaufgebellt!«

Obwohl Lupa gegen Kaninchen, Eichhörnchen, eindringende Hündinnen und die U. S. Post sehr aggressiv war, war sie in jeder anderen Hinsicht ein sanftes Geschöpf. Wir haben sie tatsächlich in ihrem Leben nur einmal knurren hören: Sie war krank, lag auf dem Wege der Besserung unter einem Schreibtisch in einem der hinteren Zimmer, als ein Freund von uns sie streicheln wollte.

Ein drohendes Grollen, ganz leise, erhob sich aus der Tiefe ihrer Brust und dauerte einige Sekunden an. Es war ein erschreckendes Geräusch!

Wir hatten beiden Hunden beigebracht, den üblichen einfachen Kommandos wie »Sitz!«, »Bleib« und ähnlichem zu gehorchen. Wenn wir ihnen befahlen: »Gib mir deine Pfote!« belohnten wir sie manchmal dafür, daß sie gehorchten, indem wir ihnen einen Hundekuchen gaben. Lupa war sanft, sogar damenhaft in der Art wie sie die Pfote gab – und oft hielt sie sie nur gerade über meine Hand – und auch in der Weise, wie sie den Hundekuchen nahm. Remus dagegen plumpste seine große Pfote fest in meine Hand und grabschte gierig nach dem angebotenen Keks. Manchmal verband er dieses Benehmen noch mit einem ungeduldigen Grunzen, wie, um zu sagen: »Nun komm schon, müssen wir wirklich dieses Theater machen, nur um einen kleinen Hundekeks zu bekommen?«

Wenn wir zu lange brauchten, um uns für einen Hundespaziergang fertig zu machen, protestierte Lupa in aufgeregter Erwartung mit ihrem schönen Soprano-Gebell, das manchmal mit einem hohen Triller endete oder sie stupste uns sanft an, während wir uns bückten, um Überschuhe anzuziehen oder einen Schnürsenkel zuzubinden.

Bei Fremden war sie extrem schüchtern – so wie es mit uns am Anfang gewesen war. Die Ankunft von Fremden verscheuchte sie sofort in ein anderes Zimmer oder unter das Klavier. Die Neugier veranlaßte sie allerdings schließlich, ihre Ängste zu überwinden und sie setzte sich dann in ein Nebenzimmer und hörte zu, ohne gesehen zu werden. Während einer Party schlossen wir einmal die Küchentür, ohne daran zu denken, daß Lupa in der Küche wissen wollte, was bei uns im Eßzimmer los war: da schob sie die Tür gerade so weit auf, daß sie ihren Kopf durchstecken konnte. Nachdem sie sich vergewissert hatte, daß im Zimmer alles in Ordnung war, zog sie sich auf ihre Wachstation in der Küche zurück. Lupa wollte immer so nah wie möglich bei uns sein. Dies wurde problematisch, weil ich fast jeden Tag an meinem Schreibtisch im zweiten Stock arbeitete, während Ed in seinem Studio im Erdgeschoß war. Sie löste in ihrem praktischen Verstand dieses Problem wunderbar dadurch, daß sie auf einer Stufe in der Treppenbiegung lag, auf halben Weg zwischen Ed und mir. Da in der Kurve die Stufe auf der Innenseite schmal und außen breit ist, paßte sie wunderbar hinein mit ihrem breiten Becken außen und den Vorderpfoten auf der inneren engen Biegung. Diese Position hatte den weiteren Vorteil einer guten Sicht für sie, nämlich durch die kleinen Fensterscheiben der Vordertür auf den gepflasterten Pfad, der zu unserem Hause führt, was sie früh vor einer etwaigen Invasion von draußen warnte. – Sie teilte ihre Loyalität zu beiden von uns auch des Nachts auf faire Weise, denn sie schlief immer im Flur, genau auf halbem Wege zwischen unseren Zimmern.

Lupa benahm sich jedoch auch manchmal auf eine Weise, die wir nicht verstanden. Zum Beispiel, wenn Ed oder ich am Telefon im Wohnzimmer eine Nummer wählten, kroch sie sofort davon, als ob sie einer Gefahr entfliehen wollte. Die anderen Telefone im Hause hatten nicht diesen geheimnisvollen Effekt.

Manchmal, wiederum, versteckte sie sich in ihrer alten Hütte im Schuppen und wollte nicht hervorkommen. Auf unseren Befehl: »Lupa, komm jetzt!« legte sie vielmehr den Kopf auf die Pfoten und sah uns traurig an, so als wollte sie sagen: »Es tut mir leid, aber ich komme nicht!« Hatte sie was gehört, das sie ängstigte? Wir erfuhren es nie.

Eines der seltsamsten Dinge, die sie machte, war, daß sie immer bellte, wenn jemand das Haus verließ. Sie bellte Ed oder mich an, wenn wir weggingen; man könnte meinen, daß dies ein Protest war, weil wir sie verließen, aber das konnte nicht stimmen, denn sie bellte auch, wenn Gäste gingen oder die Putzfrau – Leute, die sie wahrscheinlich nicht ungern weggehen sah. Und aus unerklärlichen Gründen mochte sie es nicht, wenn jemand über einen Zaun kletterte (ganz egal, wo und wer). Ein- oder zweimal hatte sie wütende Anfälle gegen die Studenten, die über den Zaun zwischen dem Golfclub und dem Princeton Inn geklettert waren.

Glücklicherweise war nichts passiert. – Ein mysteriöses Geschöpf!

Man könnte denken, daß Lupa von den meisten Leuten als ein scheuer und deshalb langweiliger Hund ignoriert werden würde. Aber im Gegenteil: sie hatte eine besondere Qualität, die mit ihrer Scheuheit zu tun hatte, welche die Menschen anzog – war es die Verletzlichkeit, die man in ihren Augen sah, so, als hätte sie in ihrem Leben viel gelitten? Manche unserer Freunde gewannen in unserem Herzen einen besonderen Platz, weil sie versuchten, die Schranken zu durchbrechen, die der Hund um sich herum aufrichtete. Einige von ihnen glaubten sogar, wenn sie keinen Kontakt zu dem Tier bekommen könnten, wenn Lupa ihre Schmeicheleien nicht ertragen würde ohne zusammenzuzucken, daß dies ihre eigene Schuld wäre und nicht die des Hundes.

Kit Brian war eine von diesen Freunden. Warmherzig und großzügig wie sie war, hielt sie es für eine der Aufgaben in ihrem Leben, verlorenen Seelen zu helfen, Menschen, die unglücklich waren, erfolglos, ungeliebt. Sie war glücklich, wenn diese Menschen ihr gegenüber ihr Herz öffneten, so daß sie ihnen helfen konnte, sich selbst zu verstehen und zu akzeptieren. Sie schrieb mir in einem Brief kurz bevor sie starb, daß folgendes Gedicht von Emily Dickinson ihr eigenes größtes Verlangen im Leben ausdrückte:

»If I can stop one Heart from breaking
I shall not live in vain
If I can ease one Life the Aching
Or cool one Pain

Or help one fainting Robin
Unto his Nest again
I shall not live in Vain.«

»Wenn ich *ein* Herz am Brechen hindern kann,
Dann hab' ich nicht umsonst gelebt.
Wenn ich in *einem* Leben nur die Leiden lindern kann,
Nur *einen* Schmerz verringern kann,

Hab' ich ein einzig Vögelein
Zurück ins Nest gelegt –
Dann hab' ich nicht umsonst gelebt.«

Eines Tages, als wir die Hunde erst ein Jahr lang hatten, besuchte uns Kit. Sie war schon eine Zeitlang an Krebs erkrankt und hatte nicht mehr sehr lange zu leben, aber sie war noch immer ihr altes sprudelndes Selbst. Während wir uns unterhielten, beobachtete uns Lupa aus der Dunkelheit unter dem Flügel, wohin sie sich geflüchtet hatte, als Kit kam.

»Schau Dir Lupa an«, sagte Kit. »Ich habe so sehr versucht, ihr nahezukommen, aber sie weicht mir noch immer aus. Ich kann das kaum aushalten!« Dann stand sie auf und ging zum Klavier und streckte sich zu unserem Erstaunen voll auf dem Teppich aus, um mit der Hand Lupas feuchte Schnauze zu berühren.

»Na, endlich!« sagte sie, während sie aufstand. »Sie hat mir erlaubt, sie zu berühren. Es ist wenigstens ein Anfang – ein Anfang. Aber bevor ich sterbe, *muß* ich mich mit ihr anfreunden.«

Und das tat sie auch.

Man könnte kaum behaupten, daß Lupa eine strahlende Persönlichkeit sei; sie machte nie lustige oder unerwartete Dinge, die einen zum Lachen brachten. Was sie jedoch hatte war: Charakter. Sie war würdevoll und hatte große Integrität. Sie gab sich keinen Launen hin, sie versuchte sich nicht bei Fremden einzuschmeicheln und sie übertrieb nie ihre Gefühle oder Bedürfnisse. In der Art, wie sie sich bewegte oder wie sie sich aufrecht hielt, vor allem aber wie sie einen ansah, lag etwas von stiller Trauer. Man hatte den Eindruck, als hätte sie tiefe, traurige Gedanken.

Die Gefühle, die Ed und ich ihr entgegenbrachten waren paradoxer Art. Einerseits liebten wir sie und sorgten für sie, so wie Eltern ihr Kind lieben und für es sorgen.

Andererseits war sie für uns auch so etwas wie eine Mutterfigur. Ich bin mir nicht ganz sicher, was das bedeutet, aber ich weiß genau, daß es wahr ist. Ich glaube, es bedeutet zum Teil folgendes: Wir fühlten uns, solange sie da war, zwar nicht geradezu sicher vor jeder Gefahr, jedem Unbill, aber doch bewacht und, ganz allgemein gesprochen, in Ordnung. Und weil wir so empfanden, war jeder Gedanke daran, sie für irgend etwas zu bestrafen, ganz unmöglich, ganz undenkbar.

Eines der Probleme, das mich in die Psychotherapie getrieben hatte, war meine mich fast verkrüppelnde Unfähigkeit, echte Liebe oder Zärtlichkeit zu fühlen oder zu zeigen. Lupa hat mich davon geheilt. Sie rührte mich zutiefst und ich wurde nicht müde, ihr das zu zeigen. Noch viele Monate, nachdem sie zu uns gekommen war, konnte sie sich nicht dazu bringen, sich auf den Rücken zu legen und widersetzte sich all meinen Bemühungen, sie in diese verletzbare Stellung zu rollen, aber schließlich gelang es mir doch mit ihrer Erlaubnis. Nach einer Weile erlaubte sie es nicht nur, sondern es gefiel ihr auch und sie genoß es. Sie lag dann mit geschlossenen Augen und weit gespreizten Hinterläufen da und ihre Lefzen öffneten und schlossen sich leise, ein Zeichen höchster Zufriedenheit, während ich ihr Brust und Bauch kraulte und leise zu ihr sprach. All unsere Sorgen, ihre und meine, alle Zweifel über uns selbst waren plötzlich verschwunden; nur wir beide existierten an einem Ort, der nur uns gehörte, einer Welt aus Vertrauen und Zuneigung.

5

Remus

Als kleiner, fröhlicher Welpe brachte Remus viel Vergnügen in unser Junggesellendasein. Ich sehe ihn noch, wie er wild immer rundherum um die steilen Grashügel des ersten Loches im Springdale Golfclub raste, seinen neuen kleinen Körper ausprobierend und die Grenzen seiner Kraft messend. Lupa begleitete ihn anfangs bei dem Spiel – oder versuchte sie vielleicht nur, ihn mütterlich zu ermahnen, etwas langsamer und vernünftiger zu sein? –, aber sie ermüdete bald und überließ Remus seinen endlosen, wahnsinnigen Runden. Wir schauten zu und waren entzückt.

Ich begriff auch plötzlich die strahlende Freude, die Eltern fühlen, wenn ihr Sohn seine ersten langen Hosen anzieht, als Remus, noch als Welpe, zum ersten Mal sein Hinterbein hob, um Pipi zu machen – ganz so, als hätte er sich bis dahin nicht immer dazu hinhocken müssen.

George Garrett hat diesen Elternstolz in einem kleinen Gedicht festgehalten:

Tod und Dezember

Die römisch-katholischen Glocken von Princeton,
New Jersey,
Wecken mich aus wüsten Träumen zu einem
höllischen Kater.
Guter Gott! Wie ich mein Leben hasse!
Sieben Uhr morgens – und ich muß meinen Hund
ausführen!

Eis auf dem Bürgersteig und im Rinnstein,
Und der Wind fegt die Einbahn-Straße hinunter
Wie anderthalb Teufel, ein Halbstarker, ein Irrer,
Riesig mit einer kalten Ladung von Heulern.

Kein Blatt ist übrig als Zeuge,
Mit Zittern und Beben, Rascheln und Rauschen,
Gegen das lärmende Tosen des Gegenwindes.
Nur meine laufende Nase und mein Gesicht

Festgefroren in ein Grinsen, das nichts zu tun hat
Mit dem Eis und dem Wind, oder Tod und Dezember,
Sondern reine Freude ist: Wenn mein schwarz-brau-
ner Welpe
Zum ersten Mal in seinem Leben sein Beinchen hebt,
um zu pinkeln.«

In den folgenden Monaten verwandelte sich Remus von einem niedlichen kleinen Welpen in einen schönen, jungen Hund: Er entwickelte einen starken Nacken, einen tiefen Brustkorb, lange Beine und ein schlankes, athletisches Aussehen. Anders als Lupa und mehr wie ein Dobermann hatte er kein Unterfell, was ihn kleiner erscheinen ließ als seine Mutter, obwohl sie beide dasselbe wogen, nämlich 40 Pfund. Auf seiner Brust, die schmaler war als die von Lupa, trug er ein kleines weißes Kreuz, eine Junioren-Ausgabe von ihrem auffälligen großen. Er hatte schöne, vollendet geformte Füße und Zehen; Lupas Pfoten waren flach, mit knöchernd gespreizten Zehen, während seine rund und kompakt waren, mit muskulösen Zehen, die alle direkt nach vorne zeigten. Seine Schenkel waren so schlank und hart wie die eines Pferdes.

Ich hatte gehofft, daß seine Ohren schließlich steif hochstehen würden, wie die von Lupa (und von Rin-Tin-Tin), oder daß wenigstens nur die Spitzen sanft nach vorn umklappen würden, wie bei »Lassie«. Aber nein: seine Ohren wuchsen zwar vielversprechend gerade hoch vom Kopf, fielen aber dann auf halber Höhe seitwärts ab. Ich weiß nicht, ob wir diese Ohren jemals als mißglückt betrachteten – jedenfalls fanden wir, sie seien eines seiner liebenswürdigsten Charakteristika.

Sein Schwanz war ein weiterer Anlaß für eine leichte, frühe Enttäuschung – jedenfalls für mich. Ich hatte gedacht, daß es nett wäre, wenn sein bleistiftdünner Junghund-Schwanz sich in ein festes, nach unten fließendes Schmuckstück verwandeln könnte, vielleicht mit einem eleganten Schwung am Ende. Ich hatte vielleicht so etwas wie Lassies Schwanz vor Augen, obwohl auch Lupas Schwanz gerade so war, wie ich es erwarten würde. Aber wiederum nein: Remus' Schwanz stand zwar zuerst gerade heraus, in Verlängerung seines Rückgrates, aber er bog sich dann nach oben in eine triumphierende Kurve. Die Natur war jedoch weise gewesen, wie immer: Der Schwanz paßte genau zu Remus' Persönlichkeit!

Wir dachten zuerst, er hätte die Form seines Schwanzes von seinem Vater geerbt, weil Lupas immer gerade herunterhing (wenn sie ihn nicht gerade einzog). Aber als Lupa ein paar Monate bei uns war, bemerkten wir, daß sie ihren Schwanz hoch trug, und daß er genau so aussah, wie der von Remus. Wir waren hocherfreut von dieser Veränderung, weil sie bewies, daß das Herunterhängenlassen ein Zeichen ihrer Unsicherheit und Angst gewesen war, und daß sie jetzt eine zuversichtliche, glückliche Kreatur war, jedenfalls mit uns.

Wir bemerkten zu unserer Freude auch, daß ihr ehemals stumpfes Fell jetzt Glanz besaß und gesund und, ja, man konnte sagen: fröhlich aussah.

Remus entwickelte sich also nicht nur zu einem auffallend hübschen Tier, sondern auch zu einem mit einer gescheiten, glücklichen Veranlagung. Eines Tages bei einem Spaziergang auf dem Golfplatz sprang er hoch und schnappte sich ein Taschentuch aus Eds Hosentasche und lief stolz damit davon, als trüge er die Fahne eines besiegten Feindes. Nach mehreren beschwörenden »Danke, Remus« und einigem Zerren ließ er das Ding endlich los. Diese Diebstähle während unserer Spaziergänge wurden zu einem seiner bevorzugten Kunststücke. Wir spielten unsere Rolle in diesem Theaterstück, indem wir einen Lappen mitnahmen, der sorgfältig so aus einer Tasche heraushing, daß eine Ecke verlockend hervorsah. Sollten wir das einmal vergessen haben, würde Remus schließlich seine Vorderpfoten auf Eds Hüfte legen – oder auf meine – und mit seitlich geneigtem Kopf die leere Tasche anstarren. Er war dann nicht zufrieden, bis wir ihm einen Ersatz gaben – ein Taschentuch oder einen Handschuh.

Zuerst dachten wir, daß diese Geschichte mit dem Lappen nur ein unschuldiges Kinderspiel wäre. Vielleicht war es das auch am Anfang, aber es entwickelte sich bald zu etwas anderem, Bedeutungsvollerem. Während seines ganzen folgenden Lebens erwartete Remus, wenn wir die Hunde allein zu Hause gelassen hatten, bei unserer Rückkehr sofort und nachdrücklich etwas von uns zu bekommen – ein Taschentuch, einen Handschuh, ein Theater-Programm – etwas, irgend etwas. Wenn es aus Papier war, was wir ihm dann gaben, so zerkaute er es in kleine Stücke, war es aber aus Stoff oder Leder, so wußte er, daß er es mit mehr Respekt zu behandeln hatte. Wir verloren jedoch am Anfang ein paar Taschentücher, die er zerfetzte – bis er den entscheidenden Unterschied begriffen hatte. Ich glaube, ich weiß jetzt, warum Remus etwas von uns haben wollte, wenn wir nach Hause kamen: Er mochte es nicht, daß wir weggingen und er glaubte, daß wir dies nicht tun dürften, wenn wir ihn wirklich liebten. Jedenfalls war es so, daß, wenn wir uns anschickten, aus dem Haus zu gehen, ohne die Hunde mitzunehmen, er uns mit einem Ausdruck anstarrte, als sagte er: »Ich verstehe wirklich nicht, wie ihr mir das antun könnt!« Deshalb brauchte er ein Zeichen, wenn wir zurück nach Hause kamen – und das hieß ja: zurück zu *ihm* kamen –, daß wir ihn trotz allem noch genauso liebten. Also mußten wir ihm ein Geschenk machen, etwas mitbringen.

Meine Überlegung basiert auch darauf, daß, wenn wir etwas tun mußten, was ihm unangenehm war (z. B. seine Nägel zu schneiden), oder etwas, das er jedenfalls als unangenehm empfand (ihn zum Beispiel auf Zecken zu untersuchen oder zu baden oder zu kämmen oder zu bürsten), er jedesmal durch Wedeln oder Wimmern ein Geschenk verlangte, wenn die scheußliche Arbeit getan war. Auch folgendes ist zu bedenken: Wenn wir auf einem unserer Spaziergänge jemandem mit einem Hund begegneten, den wir dann streichelten oder sonstwie etwas beachteten, dann verlangte Remus sofort sein Taschentuch, wenn wir weitergingen. Er wollte ganz sicher sein, daß wir unsere Zuneigung nicht etwa auf diesen anderen Hund übertragen hätten. Es ist natürlich wahr, daß diese meine Hypothese herrlich unwissenschaftlich ist, aber ich werde sie beibehalten, bis mir eine bessere einfällt.

Eines Abends, nachdem wir die Hunde im eingezäunten Hof zurückgelassen hatten, gab ich Remus einen meiner Handschuhe, als wir nach Hause kamen. Er trug ihn glücklich herum, wie immer, während Ed und ich uns noch draußen unterhielten, bevor wir ins Haus gingen. Als wir hineingehen wollten, bemerkte ich, daß er den Handschuh irgendwo fallen gelassen haben mußte. Wir suchten überall danach, jedoch ohne Erfolg. Da mir einfiel, daß es Teil der Routine war, wenn wir ein Geschenk von ihm zurückhaben wollten, wir einfach »Danke, Remus« sagten, während er es noch im Maul hielt, hatte ich plötzlich die gute Idee, ihm das jetzt zu sagen, aber in einem sehr ernsthaften Ton. Er lief darauf sofort zu einem dichten Gebüsch an der Seite des Hauses, holte daraus den Handschuh und brachte ihn mir. Seitdem brauchten wir nur dies Zauberwort: »Danke, Remus« zu sagen, wenn wir einen Pantoffel oder ein Nicht-Spielzeug wiederhaben wollten, das er herumgetragen und irgendwo fallen gelassen hatte, selbst wenn seitdem ein oder zwei Stunden vergangen waren.

Das Leben mit Remus war natürlich nicht immer nur eitel Freude. Zum Beispiel, als ich eines Tages das Unkraut auf unserer »Farm« entfernte, beobachtete ich ihn nur mit einem Auge von Zeit zu Zeit. Als ich jedoch einmal hochsah, war er fort. Er hatte diese unheimliche Art, plötzlich zu verschwinden, ohne daß man es bemerkte. Öfters, wenn wir bei hellichtem Tage mit den Hunden spazierengingen und sie sogar mehr oder weniger sorgfältig beobachteten, mußten wir plötzlich merken, daß Remus einfach nicht da war; er war auf eine geheimnisvolle Weise verschwunden. »Remus, der große Verschwinder.« Manchmal brauchten wir eine halbe Stunde oder mehr, um ihn zu finden, aber diesmal auf der Farm kam er auf mein Rufen relativ schnell zurück. Aber was war denn das? Um Gottes willen! Seine gesamte linke Flanke war dick bedeckt mit einer braunen Substanz, die sich in Geruchsnähe überwältigend als Exkrement erwies. Nur ein Tier von der Größe eines Elefanten hätte eine so eindrucksvolle Menge davon produzieren können. Remus hatte sich darin gewälzt, es fest in sein Fell eingerieben und kam jetzt zu mir, damit ich ihn lobe, diesen wunderbaren Stoff gefunden und sich damit verschönt zu haben. Ich lobte ihn jedoch nicht, und weder er noch ich hatten viel Freude an der Kalt-Wasser-Dusche, die ich ihm mit dem Gartenschlauch verpaßte. Remus erschien diese Behandlung extrem ungerecht: Man durfte für so etwas Feines doch nicht bestraft werden – ganz im Gegenteil!

Remus verschwand öfters von der »Farm«, während ich mit meinen Gemüsepflanzen beschäftigt war. Als aber eine junge Dachshündin (die in einem der benachbarten Gärten angebunden lebte) zwei Junge gebar, waren wir ziemlich sicher, daß Remus der Vater sein mußte, da dieser Familienzuwachs nicht geplant gewesen war und die braun-schwarzen Markierungen auf den Neugeborenen genau dieselben waren wie die von Remus und der Dackelmutter. Aber jemand hatte gesehen, daß Freddy, ein ältlicher Beagle, der unseren Nachbarn, den Pooles, gehörte, die unerfahrene Dackelhündin bestiegen hatte und das überzeugte sie davon, daß Freddy der Vater sei.

Der arme Freddy wurde kurz darauf von einem Auto überfahren und die Pooles nahmen einen der Jungen, den sie »Jones« nannten, zu sich. Wir werden nie mit Sicherheit wissen, wer der Vater von Jones war, aber wir bleiben bei der Meinung, daß es Remus war. Wenn man versuchen würde, Remus irgendwie in einen Dackel zu verwandeln, so wäre das Resultat so etwas wie Jones. Außerdem hatte Remus eine mysteriöse Macht über den jüngeren Hund: Wann immer sie sich beide auf dem Golfplatz trafen, selbst wenn sie fünfzig oder hundert Meter weit voneinander entfernt waren, würde Remus ganz still stehenbleiben, um den jungen Hund nur anzustarren, worauf dieser sich sofort hinwarf und den Kopf auf seine Füße legte – ein Bild totaler Unterwürfigkeit. Er stand nicht auf, bis Remus es ihm mit einem Blick oder Laut erlaubte, worauf Jones sofort zu seinem Idol rannte und ihm das Gesicht leckte.

Noch ein weiteres Verschwinden von Remus war erschreckend. Es war ein wunderbarer Frühlingsmorgen während der zauberhaften Zeit, in der die Blätter der Bäume erst halb geöffnet sind und das Gras seine braune Winterfarbe verloren hat und in leuchtendem Grün erstrahlt. Ed, ich und die Hunde waren auf unserem üblichen Morgenspaziergang auf dem Golfplatz in der Nähe des 18. Loches, um die Golfer nicht zu stören, die um diese Zeit an der Nummer Eins begannen. Rotkehlchen saßen auf dem Boden, wiegten ihre Köpfchen aufmerksam hin und her und pickten dann schnell an der Erde, um ihr Frühstück an Würmern zu bekommen. (Ich hoffe nur, die Würmer waren noch gesund und nahrhaft, trotz der riesigen Maschinen, die regelmäßig ihr Gift über den

Rasen spritzen.) Hinter dem ›Princeton Inn‹ hielten wir uns ein wenig an dem kleinen See auf, der die Golfer so verunsichert, weil sie ihre Schläge darüber hinwegsetzen müssen. Wir beobachteten eine kleine Gruppe von Erpeln, die vorsichtig von uns wegpaddelten und bewunderten die Osterglocken, die rings um den See blühten. Der heimische Königsfischer flog über unsere Köpfe und ließ sein typisches Gerassel hören. Als wir unseren Spaziergang fortsetzen wollten, war Remus verschwunden! »Remus!« riefen wir wieder und wieder. Wir pfiffen auf unserer silbernen Polizeipfeife und weckten damit sicher die Langschläfer unter den Studenten des ›Princeton Inn‹.

Keine Antwort! Ich begann zu befürchten, daß er ein fürchterliches, giftiges Tier gefunden und gefressen hatte. Diesmal waren meine irrationalen Ängste leider berechtigt: Ich fand ihn im Wald hinter dem Inn, wo er die Eingeweide eines toten, schon gräßlich aufgeblähten Murmeltieres fraß. Ich riß ihn zurück.

»Hier ist er«, rief ich Ed zu, der etwas entfernt am 18. Loch nach ihm suchte. Als er zu uns kam, zeigte ich ihm, was ich gefunden hatte. »Ich bin sicher, daß das Murmeltier daran gestorben ist, daß es von dem vergifteten Gras gefressen hat! Jetzt ist Remus voll von dem Zeug!«

»Wir müssen ihn dazu bringen, sich zu übergeben«, sagte Ed, während wir nach Hause rannten. »Aber was geben wir ihm dafür ein? Milch? Natron? Oder was?«

Zu Hause angekommen, rief ich Jack Blumenthals Praxis an und fragte um Rat. Jack war nicht da, aber sein Assistent sagte mir, ich müßte Remus dazu bringen, etwas Essig zu trinken. Ed übernahm den gefährlichen Auftrag, Remus' Maul offen zu halten, während ich versuchte, den Essig in seinen Rachen zu gießen. Remus, entsetzt, wild um sich schlagend, wollte davon partout nichts wissen; während er sich tobend wehrte, tropfte der Essig ihm in Augen und Ohren, die Brust entlang, über unsere Kleidung – überall hin, außer in seinen Hals. Schließlich jedoch, trotz all seiner gegenteiligen Bemühungen, hatte er einen großen Schluck der bitteren Flüssigkeit eingenommen. Aus seinem sich umdrehenden Magen kam der scheußlichste grüne Schleim, den ich je gesehen habe. Wir waren ungeheuer erleichtert – aber der arme Remus hatte alles Vertrauen zu uns verloren! »Womit«, so mußte er sich denken, »habe ich diese furchtbare Strafe verdient?« Er verzog sich hinter den Komposthaufen, saß dort so versteckt, daß nur sein Kopf hervorsah und starrte uns so entsetzt und zerbrochen an, daß uns die Tränen kamen.

Um alles noch schlimmer zu machen, hatte ich in der Aufregung die Anweisungen falsch verstanden: Wir hätten den Essig mit Eiweiß verdünnen sollen, um die Stimmbänder des Tieres nicht so zu reizen. So aber, nach einer angemessenen Zeit des Beleidigtseins, als er uns anbellte, um sein wieder Vertrauen stiftendes Präsent zu bekommen, erreichte uns nur ein winziges, heiseres Quietschen, das ihn sehr erstaunte und uns zu ihm trieb, um ihn zu hätscheln und zu trösten.

Remus hatte alles, um einen für ihn einzunehmen: Er war schön und hatte eine gewinnende Art und eine strahlende Persönlichkeit, die die Menschen sofort bemerkten. Auf unseren Spaziergängen wurde er oft von Passanten freundlich angelächelt, und Hundeliebhaber, die zu uns ins Haus kamen, versuchten sofort sich mit ihm anzufreunden. Er gewann Zuneigung und Wohlwollen, ohne daß er den Menschen schwanzwedelnd entgegenrannte und sich kringelte, wie es manche Hunde tun; das kann natürlich sehr charmant sein – aber es war nicht *seine* Art. Bei Gästen, die er nicht gut kannte, war er am Anfang reserviert, sogar etwas scheu, aber nachdem sie eine Stunde oder so im Haus waren, kam er an und setzte sich still neben ihren Stuhl und sah sie mit einem unwiderstehlichen Ausdruck von Freundschaft an.

Man kennt vom Theater oder Film das Auftreten gewisser Schauspieler, die sofort die Bühne mit ihrer Gegenwart erfüllen; unsere ganze Aufmerksamkeit konzentriert sich auf sie und ihre Mitspieler verblassen im Vergleich zu ihnen. Wenn diese großen Schauspieler die Bühne verlassen, sinkt die Spannung bei den Zuschauern, und sie warten ungeduldig auf ihr Wiedererscheinen. Sie haben Star-Qualität (sie sind einfach die Stars) und das ist genau das, was Remus an sich hatte. Wir fanden ihn immer interessant, auch wenn er gar nichts Besonderes tat. Zum Beispiel, wenn wir Gäste zum Abendessen erwarteten, so öffneten wir öfters die Vordertür, so daß er durch das Drahtgitter der Fliegentür – oder im Winter, den Windfang – die ankommenden Gäste schon erspähen konnte. Er saß dann kerzengerade, mit spitzen Ohren, angespannt und beobachtete die Einfahrt mit größter Aufmerksamkeit. Gewiß – ich weiß, das war nichts Besonderes, aber sein Anblick, wie er dort saß, unbeweglich und wachsam, rührte und erfreute uns jedesmal.

Remus hatte die unglaubliche Fähigkeit, immer wenn er sich hinlegte oder in einen Stuhl setzte, eine Haltung anzunehmen, die schön aussah oder irgendwie attraktiv. Man hörte bei uns Zuhause oft den Ruf: »Komm und schau dir das an!«, wenn wieder einmal einer von uns den Hund in einer neuen, interessanten Stellung vorgefunden hatte. Es war erstaunlich, wie es ihm gelang, immer neue entzückende Methoden zu finden, um seine Körperteile zu arrangieren. Er würde auf seiner rechten Hüfte liegen, die Vorderbeine zusammengelegt und vor sich ausgestreckt, den Kopf etwas nach rechts gelegt und seine Schnauze auf dem Teppich, rechts von seinen Vorderpfoten, so daß er wie ein langgezogener Buchstabe S aussah. Oder aber er würde sich zu einem Ball zusammengerollt in seinen Lieblingssessel plazieren, sein Gesicht bis zu den Augen versteckt zwischen seinen gekreuzten Vorderläufen. Oder wiederum lag er in einem gepolsterten Lehnstuhl und hatte eine seiner Vorderpfoten über die Armlehne drapiert und sein Kinn auf der Pfote aufgestützt.

Und Remus war gescheit. Ich habe schon berichtet, wie er als Welpe unter Lupas geschickter Anleitung sehr schnell gelernt hatte, nicht im Hause sein Geschäft zu machen. Er hatte ebenso schnell gelernt, zu »sitzen«, »kommen«, »bleiben«, »sprechen« (zu bellen), »bei Fuß« zu gehen, und die »Pfote geben«. Wir riefen ihn nicht oft »bei Fuß« zu gehen, aber selbst wenn seit dem letzten Mal mehrere Monate vergangen waren, so gehorchte er sofort. Ich fürchtete jedoch, daß in diesem Punkt unser Training zu hart gewesen sein mochte, denn wenn er »bei Fuß« gehen sollte, tat er es auf so niederschlagende Weise, als hätte er etwas Böses angestellt; wenn man ihn dann aus dem Befehl entließ, verlangte er glücklich ein Taschentuch oder einen Handschuh – ein Geschenk, das ihm zeigte, daß er wieder ein ›braver Hund‹ sei.

Über unserem Eßzimmer befindet sich ein hübsches Schlafzimmer, wo unsere Gäste übernachten. Der Vorbesitzer unseres Hauses hatte uns gesagt, daß es immer die ›Mönchszelle‹ genannt wurde. Vom Eßzimmer führt eine Tür zu einer steilen Treppe hinauf in dieses Zimmer.

Eines Abends bat uns unser guter Freund David Pears, der bei uns zu Besuch war, ihn am nächsten Morgen früh zu wecken. Zu der verabredeten Zeit fiel uns ein, daß wir vielleicht Remus hinaufschicken könnten, um ihn aufzuwecken; wir öffneten also diese Tür und sagten zu dem Hund: »Geh und wecke David!« Remus lief sofort die Treppe hinauf und bellte die stille Gestalt im Bett so lange an, bis eine schläfrige Stimme sagte: »Ja, ja, Remus, ich bin schon wach«, worauf der Hund zurückkam und gelobt werden wollte. Seitdem war Remus unser Wecker vom Dienst für alle Gäste, die in der Mönchszelle übernachteten.

Im allgemeinen neigen die Menschen dazu, die Intelligenz von Hunden und anderen Tieren zu unterschätzen. Ich war jedenfalls sehr beeindruckt von einem erstaunlichen Fall von Erinnerungsvermögen unserer beiden Hunde. Auf dem Rückweg von einem Ferienaufenthalt in Maine eines Sommers blieben wir ein paar Tage bei einem Freund in West Stockbridge. Die Hunde waren wie immer mit dabei, und sie interessierten sich sehr für ein Murmeltier, das unter einem Baum in der Nähe des Hauses lebte. Ein Jahr später besuchten wir wieder denselben Freund nach einem Ferienaufenthalt in Maine: Noch bevor der Wagen vor dem Haus hielt, fingen die Hunde an zu bellen und zu heulen. Als wir die Wagentür öffneten, rannten sie direkt zu dem Baum, wo das Tier gelebt hatte, und suchten aufgeregt darunter nach ihrem alten Widersacher.

Manchmal benutzte Remus seine beträchtliche Intelligent auch dazu, jemanden zu täuschen. Zum Beispiel gaben wir oft den beiden Hunden große Hundekuchen, und zwar zur selben Zeit. Remus verschlang seinen sofort, so daß Lupa, die den ihren langsamer, auf damenhafte Art aß, noch nicht fertig war. Dann würde Remus manchmal anfangen zu bellen und zur Vordertür zu laufen, als ob jemand geklingelt hatte. Lupa, die darauf hereinfiel, rannte ihm sofort hinterher, um das Haus zu verteidigen, worauf Remus schnell zurückkam und ihren übriggeblieben Keks verschlang. Und sie duldete sogar seinen Verrat.

Hier ist noch ein weiteres Beispiel. Eines Nachmittags, während unseres Spazierganges, folgten Lupa und Remus der Fährte eines Hirsches und verschwanden in den Wald am Ende des Golfplatzes. Wir suchten sie länger als eine Stunde, riefen und pfiffen nach ihnen und wurden immer unruhiger. Wir entdeckten Lupa zuerst, erschöpft, aber mit glücklich wedelndem Schwanz: Wir waren so froh, sie gefunden zu haben, daß wir es nicht übers Herz brachten, sie zu bestrafen. Als Remus endlich auftauchte, waren wir bereits verzweifelt. Wir schimpften ihn tüchtig aus, aber verziehen ihm dann bald. Einen oder zwei Tage später jedoch wiederholte sich das Drama. Als Remus diesmal aus dem Wald kam, sah er uns auf dem Golfplatz, etwa 50 Meter von ihm entfernt. Er hinkte langsam auf uns zu, auf nur drei Beinen. Gewiß hatte er sich ein Bein verletzt. War es gebrochen, oder hatte er sich vielleicht einen Nagel oder Dorn eingezogen? »Oh, armer Remus«, sagte ich zu ihm, voller Mitleid und Sorge. »Was ist passiert? Komm, laß uns die Pfote ansehen«.

Er legte sich auf den Rücken, so daß wir die verletzte Pfote untersuchen konnten. Wir fanden nichts: Bein und Pfote waren tadellos in Ordnung. Als wir unsere Untersuchung beendet hatten, sprang Remus auf und tanzte vergnügt um uns herum – auf allen vier Pfoten – und verlangte sein übliches Taschentuch als Geschenk. Ed und ich amüsierten uns köstlich über sein trickreiches Benehmen; unsere Bewunderung für seine Intelligenz – wenn auch nicht die für seinen Charakter – stieg ins Unermeßliche.

Da Remus sowohl Lupa wie auch uns absichtlich irre führte, ist es nur recht und billig, daß auch er selbst und zwar von einem anderen Tier getäuscht wurde. Eines Abends, als ich, von Remus begleitet, zur »Farm« hinunterging (um Schnecken von meinen grünen Bohnen zu entfernen), entdeckten wir ein Opossum, das bewegungslos neben dem Weg lag; irgendeine eklige weiße Flüssigkeit war aus seiner Schnauze gelaufen. Offensichtlich war es tot. Remus stoppte nur kurz, um an ihm zu riechen und ging dann weiter. Aber als wir fünf Minuten später zum Haus zurückgingen, war das Opossum weg. Es hatte sich natürlich nur totgestellt.

Nach einem weiteren »Schnecken-Fest« – unser Name für meine nächtliche Schnecken-Suche auf der »Farm«, – war Remus mir ins Haus vorausgelaufen. Als ich hineinkam, war ich sehr erstaunt, ein Opossum – offenbar dasselbe – unbeweglich in der Mitte des Wohnzimmers auf dem Teppich liegen zu sehen. Remus lag unbeteiligt im Nebenzimmer. Er hatte das Ding reingebracht und dachte, es sei tot. (War das ein Geschenk für uns? Sollten wir denken, er hätte es umgebracht, um seine Jagdfähigkeit bewundern zu lassen?) Als das Opossum mich sah, wußte es, daß das Spiel aus war und lief unter das niedrige Sofa – zu Remus' größtem Erstaunen. Wir versuchten vergeblich, das erschreckte Tier sanft mit einem Besen in die Richtung einer geöffneten Tür nach draußen zu schieben. Schließlich ließen wir die Tür offen, löschten das Licht und gingen nach oben. Eine halbe Stunde später war es in der Nacht verschwunden.

Ich selbst habe Remus einmal unbeabsichtigt an der Nase herumgeführt: Ich hatte mich über die Vögel geärgert, die meine jungen Salatpflanzen zerstörten und hatte deshalb auf der ›Farm‹ eine sehr echt aussehende, lebensgroße Vogelscheuche mit alten Kleidern und Schuhen und sogar einem Hut aufgestellt. Remus war anfangs sehr erschreckt von diesem Ding: er bellte es an und umkreiste es vorsichtig. Aber sehr lange ließ er sich nicht davon irreführen; er beschloß ziemlich bald, daß es sich dabei um einen Gegenstand handelte und nicht um einen Farm-Banditen.

Remus wollte immer genau wissen, was auf ihn zukam, wenn Ed und ich uns abends zum Essen umzogen. Er kam dann an und sah einem von uns direkt ins Gesicht. Das hieß: »Na los, sag, was eure Pläne sind! Worauf soll ich mich einstellen?« Wenn wir nicht sofort antworteten, so würde er mit etwas irritierter Stimme anfangen zu bellen. »Also los – was gibt's?« Es gab da ja drei verschiedene Möglichkeiten: 1. Wir gingen aus und konnten die Hunde nicht mitnehmen. In diesem Fall sagten wir bedauernd: »Sorry, Remus, aber wir müssen dich hier alleinlassen«, um dann in einem helleren Ton zu sagen: »Aber wir kommen bald wieder!« Diese Antwort machte trotz des freundlichen Tones am Ende einen absolut niederschmetternden Eindruck auf Remus, er fiel in sich zusammen und zog mit beleidigtem Gesicht ab, um sich hinzulegen. Seine Augen sprachen von Betrug. – Die zweite Alternative war schon besser: Wir planten einen ruhigen Abend Zu Hause. In diesem Fall sagten wir ihm: »Wir bleiben hier bei dir!« Das war das, was er mehr oder weniger erwartet hatte und so nickte er nur als Antwort. »Okay, ich wollte es nur mal wissen«. – Die dritte

Möglichkeit war die allerbeste: Wir gingen zum Abendessen zu Freunden und die Hunde waren mit eingeladen. »Du kannst mitkommen«, sagten wir dann freudig und riefen damit einen Ausdruck von glücklichem Gebell, heftigem Schwanzwedeln und Wackeln mit dem Hintern hervor. In höchster Freude würde er dann einen Pantoffel oder einen Schuh aufheben und damit von einem Zimmer ins nächste rennen, bis er, völlig erschöpft, sich mit dem Kopf auf dem Schuh hinlegte, um die Freuden des schönsten aller möglichen Abende zu erwarten.

Remus war zwar sanft und friedlich von Natur, aber deshalb noch lange kein Feigling, wenn er von anderen Hunden angegriffen wurde. Er fand Katzen faszinierend, aber er war ihnen gegenüber nicht aggressiv, im Gegenteil, er versuchte bei jeder Gelegenheit, sich mit ihnen anzufreunden. Leider rannten die Katzen, die wir auf unseren Spaziergängen trafen, entweder weg, wenn sie ihn sahen, in welchem Fall er glaubte, sie jagen zu müssen, oder sie machten einen Buckel, um ihre Feindschaft zu zeigen, in welchem Fall Remus wieder einmal enttäuscht mit den Schultern zuckte und von dannen zog.

Obwohl er öfters so tat, als sei er ein freier, unabhängiger Geist, war er doch stärker auf uns angewiesen, als er zugeben mochte. Auf unseren Spaziergängen lief er oft weit von uns weg, als ob er private Erkundungen einzog, die nichts mit uns zu tun hatten, aber dabei schaute er sich doch immer wieder um, ob wir noch da seien und ihn nicht verlassen hätten. Auch wenn der Donner um das Haus tobte und Lupa sich in die beste Höhle zurückzog, die sie finden konnte – unter ein Klavier, ein Bett, einen Schreibtisch –, würde er so nah wie möglich zu uns herankriechen, um Schutz zu suchen. Selbst wenn keine Gefahr drohte, war er gern nah bei uns: Auf langen Autofahrten zum Beispiel stand er stundenlang auf dem Rücksitz mit den Vorderbeinen auf der Lehne zwischen uns und benutzte eine unserer Schultern als Kissen.

Für uns bedeutete Remus so etwas wie die Platonische Idee von dem, was »ein Hund« sein sollte. Obwohl wir natürlich in dieser Einschätzung sehr voreingenommen waren, andere Leute sind durchaus unserer Meinung. Einer meiner Studenten sagte einmal zu mir: »Wenn man einem Kind beibringen wollte, was ein *Hund* ist, würde man einfach auf Remus deuten«. Und einer von Eds Studenten sprach von ihm als »Remus, perfekter Hund«. Perfekt jedoch war er gewiß nicht! Mehr als einmal, wenn er für eine ihm unerträglich lange Zeit allein im Haus gelassen worden war, fanden wir bei unserer Rückkehr, daß Teile einer Decke auf einem unserer Betten in feine Streifen gerissen worden waren – von einem wütenden Remus. Dies waren, glaube ich, die einzigen Male, wo wir wirklich *böse* auf ihn waren.

6

Die Reise auf der »Queen Elisabeth II.«

Während des akademischen Jahres 1975/76 war ich von der Universität von meinen Vorlesungsverpflichtungen beurlaubt, um ein Buch über einen englischen Philosophen des 18. Jahrhunderts, George Berkeley, abzuschließen. Kurz nach Neujahr kamen meine Psychotherapeutin und ich überein, die Therapie im Frühjahr zu beenden – nach neuneinhalb Jahren Behandlung.

Sie sagte mir, daß die beiden Hunde – insbesondere Lupa – mehr für mich getan hätten, als sie es je konnte.

Da das Buch im Mai fertig werden würde, und da Ed im Frühsommer-Trimester auch keine Vorlesungen hatte, beschlossen wir, eine ausgedehnte Reise nach Europa zu machen – mit den Hunden natürlich. Wir mieteten uns ein Haus von Mitte Mai bis Mitte Juli in dem winzigen Dorf Mérindol in der Provence und reservierten eine Überfahrt mit der »Queen Elizabeth II.« Der lange Flug nach Frankreich erschien uns in Anbetracht von Lupas Nerven – und daher auch der unseren – nicht in Frage zu kommen. Während der Tag der Abreise näherrückte, warteten wir bis zum letzten Moment, bevor wir unsere Koffer aus dem Keller holten, damit sie die Hunde nicht sähen und fürchten müßten, daß wir abreisen und sie zurücklassen könnten. An dem großen Tag der Einschiffung, nachdem wir alles in den Kombiwagen unserer Freundin Susan Garrett verladen hatten, die uns nach New York ans Schiff fahren würde, waren die Hunde, die alle Vorbereitungen mit zunehmender Unruhe beobachtet hatten, ungeheuer erleichtert, als sie zu uns in den Wagen springen durften.

Während wir am Pier auf die Einschiffung wartend herumstanden, erregten die Hunde, die jetzt dank einer Dosis Beruhigungsmittel ruhig waren, überall Bewunderung: Leute kamen an, um sie zu streicheln, nach ihren Namen zu fragen und – ohne dies direkt zu sagen – sich zu wundern, warum um Himmels willen wir denn zwei Hunde mit nach Europa nehmen würden – auch wenn sie noch so nett seien. Wir hatten immer einfach vorausgesetzt, daß sie mitkämen, trotz der möglichen Schwierigkeiten oder Probleme, die diese Absicht verursachen könnte. Wir hatten sowieso nie vorgehabt, je ohne die Hunde zu verreisen.

Einmal an Bord, brachten wir das Gepäck in unsere Kabine und dann die Hunde hinauf ins Oberdeck in den Hundezwinger, wo sie zusammen einen Käfig bewohnen würden. Wir gingen mit ihnen hin und her auf dem kleinen hölzernen Hundedeck und überlegten, wie bald sie wohl einsehen würden, daß sie auf diesem Material, aus dem auch die Fußböden unseres Hauses bestanden, ihr Geschäft erledigen sollten. Remus kapierte bald, daß *dieser* Holzboden in Ordnung sei und hob sein Bein an einer Attrappe eines Feuerhydranten, wie sie in New York auf den Straßen stehen, den die Cunard Line vorsorglich dort aufgestellt hatte. Aber Lupa hielt sich vornehm zurück, ohne dem natürlichen Bedürfnis zu folgen. Als wir gingen, steckte sie ihre Nase und eine Pfote bittend durch das Gitter ihrer Käfigtür und flehte uns an, sie nicht an diesem total fremden Ort wie in einem Gefängnis zurückzulassen.

Wir kehrten bei jeder nur möglichen Gelegenheit zu den Zwingern zurück, um die Hunde zu trösten. Mir kommt es so vor – obwohl mein Gedächtnis mich da täuschen mag –, daß wir auf dieser Überfahrt fast die Hälfte der Zeit oben auf dem winzigen Hundedeck verbracht haben, um mit den beiden hin und her zu gehen. Fast die einzigen Passagiere, die wir kennenlernten, waren die anderen Hunde- oder Katzenbesitzer, die ebenso besorgt um ihre verbannten Tiere waren wie wir. In den ersten Tagen unserer Reise wurden wir zunehmend um Lupa beunruhigt, wegen ihrer Unfähigkeit oder ihrem Unwillen, irgend etwas aus ihrem Körper herauszulassen. Erst am Nachmittag des dritten Tages auf See hockte sie sich auf die Planken und öffnete ihre geschwollene Blase. Der gelbe Strom floß und floß, während sie erstaunt diesem See aus warmem Wasser nachsah, der sich über das Hundedeck verteilte und den wir dann »Lupa-See« nannten.

An diesem Abend gönnten wir uns Martinis und Champagner zum Abendessen!

Ich hatte heimliche Angst, absolut grundlos, daß die Einwanderungsbehörden uns nie erlauben würden, die beiden Hunde nach Frankreich einzuführen, aber als wir in Cherbourg anlegten, erledigte sich alles ganz schnell. Wir hatten kaum uns, die Hunde, und unsere riesige Menge Gepäck vom Schiff auf den Pier gebracht, als ein Mann von AVIS mit seinem Wagen neben uns hielt und uns fragte, ob wir ein Auto mieten wollten. »Nein, danke«, sagte ich höflich, »wir haben schon einen Wagen von einer anderen Firma bestellt.«

Wir hatten wirklich ein Auto vorbestellt, das uns am Dock von Cherbourg abholen sollte. Aber wir fanden nach intensiver Suche weder den Wagen noch ein Büro der Autovermietung noch einen Vertreter der Agentur am Hafen. Während ich mit zwei Hunden an der Hand und umgeben von Bergen von Gepäck auf der Mole blieb, versuchte Ed, jemanden von der Agentur telefonisch zu erreichen.

Als er zurückkam, sagte er: »Nun, ich habe herausgefunden, daß sie die Wagen niemals nach Cherbourg bringen. Wir müssen ihn in Paris abholen.« Aber Paris stand außer Frage!

Es gab keinen nicht-höllischen Weg, wie wir unser ungezähltes Gepäck und die zwei Hunde von diesem Dock in Cherbourg zum Büro der Auto-Vermietung in Paris transportieren konnten. Selbst wenn wir dorthin gelangten, wäre das Büro, wenn es überhaupt existierte, längst geschlossen. Außerdem hatten wir Reservierungen, schon von dieser Nacht an, in verschiedenen Hotels auf dem Weg in die Provence.

Die »Queen Elizabeth II.« legte gerade vom Dock ab. »Halt, halt«, wollte ich rufen. »Ich will an Bord und zurück nach Hause!« Bevor ich jedoch der totalen Verzweiflung nachgeben konnte, die mich überkam, hielt der Mann von AVIS zum zweiten Mal neben mir, offensichtlich beeindruckt von unserer Situation und meiner drohenden Hysterie.

»Ich habe hier einen ›Simca‹, der mir gerade zurückgegeben wurde«, sagte er. »Hätten Sie dafür Interesse?«

»Oh, ja, durchaus!« rief ich. (Endlich wußte ich, wie ein Ritter in glänzender Rüstung aussieht!)

Der »Simca« paßte uns ausgezeichnet und wir alle vier gut hinein. Also fuhren wir los, durch eine Landschaft, deren Schönheit noch dadurch erhöht wurde, daß wir einem Schicksal knapp entgangen waren, das zwar nicht schlimmer als der Tod sein konnte, aber doch reichlich unangenehm gewesen wäre. Wir nahmen uns vor, bei der allernächsten Gelegenheit einen Toast auf unseren Retter, den Agenten von AVIS, auszubringen.

Auf unserer Fahrt von Cherbourg in die Provence konnten wir natürlich nur in solchen Hotels oder Gasthöfen übernachten, die Reisende mit Hunden aufnahmen, und wir suchten uns, wenn möglich, diejenigen aus, in denen Hunde nicht nur auf den Zimmern, sondern auch im Restaurant erlaubt waren.

Das Hotel, das wir für die erste Nacht gebucht hatten, das Château de la Salle bei Coutances, war ein solches. Wir beschlossen, die Hunde dem entscheidenden Test gleich am Anfang auszusetzen und nahmen sie mit hinein in den Speisesaal zum Abendessen. Da es in Amerika unvorstellbar ist, ein öffentliches Restaurant mit einem Hund zu betreten, hatte ich das Gefühl, etwas Empörendes zu tun, als wir in den Speisesaal mit Lupa und Remus – zwei Mischlingshunden noch dazu – gingen. Ich war sicher, wir würden von den Kellnern mit förmlicher Verachtung behandelt werden und von den anderen Gästen, wenn wir Glück hatten, mit starrem Blick und leisem Zungenschnalzen der Empörung. Nichts davon geschah! Es waren an einigen von den Tischen noch andere Hunde da, und unsere Ankunft schien nichts als allgemeine Gleichgültigkeit auszulösen – mit Ausnahme der Wirtin, die uns mit ausgesuchter Liebenswürdigkeit empfing.

Aber würde diese Indifferenz nicht sofort in Abneigung umschlagen, wenn sich die Hunde schlecht benähmen, fragte ich mich. Und wie würden sie sich denn benehmen – diese Straßenhündin, die wir aufgenommen hatten, und ihr ungezogener Sohn?

Wir versuchten, so würdig wie möglich oder vielleicht sogar kultiviert auszusehen und setzten uns unbehaglich an den uns zugewiesenen Tisch. Und die Hunde? Ohne ein Wort von uns legten sie sich zu unseren Füßen nieder, wo sie auch blieben, still und fast bewegungslos, so als wären sie streng auf Tischmanieren abgerichtet worden. Ich fürchtete ständig, daß einer von ihnen etwas Schreckliches tun und alles verderben würde – aber ihr Benehmen blieb musterhaft. Als wir uns am Ende des Essens vom Tisch erhoben, standen sie auch auf und folgten uns leise hinaus. Sie hatten die große Prüfung mit *Eins* bestanden, und wir waren ungeheuer stolz auf sie!

Der Höhepunkt unserer Fahrt nach Süden war die Übernachtung im Hotel ›Pic‹ in Valence. Während wir unser hervorragendes Abendessen in diesem Restaurant genossen, mit Lupa und Remus still unter dem Tisch zu unseren Füßen, verdeckt von einem tief herabhängenden Tischtuch, kam der Kellner an unseren Tisch und frage uns: »Hätten Ihre Hunde gerne etwas Futter?«

»Ja«, sagten wir, »das würden sie sicher gerne haben«. Ein paar Minuten später kam er wieder, mit einem großen silbernen Tablett, auf dem zwei Teller mit riesigen Portionen »Boeuf Bourguignon« waren und zwei Näpfe mit Wasser. Es war ihre erste und letzte Drei-Sterne-Mahlzeit!

Gegen Ende unseres Dinners kam ein amerikanisches Ehepaar herein und setzte sich an einen Tisch in unserer Nähe. Als wir aufstanden, um zu gehen, und die Hunde unter dem Tisch hervorkamen, war die Frau begeistert von ihnen. »Oh«, sagte sie, »die haben ja zwei Hunde dabei!« Wir waren natürlich stolz, daß Lupa und Remus so brav gewesen waren, daß man sie gar nicht bemerkt hatte.

Am nächsten Morgen, als Ed hinunterging, um eine Zeitung zu kaufen, traf er die Amerikanerin wieder in der Lobby. »Où sont les chiens?« fragte sie, indem sie jedes Wort einzeln betonte.

Ed erklärte ihr, daß wir auch Amerikaner seien, worüber sie höchst erstaunt war und er sagte, daß die Hunde oben in unserem Zimmer seien. Sie lobte sie ausgiebig, wodurch sie Ed sehr sympathisch wurde.

Tatsächlich gab es während unseres gesamten Aufenthaltes in Frankreich nur eine einzige Person, die sich darüber beschwerte, daß wir die Hunde mit ins Restaurant brachten. Wir waren in einem ländlichen Gasthof abgestiegen und als wir mit den Hunden zum Essen kamen, hörten wir eine Frau mit einem New Yorker Akzent laut sagen: »Ach, warum lassen die sie nicht auf ihrem Zimmer?« Da ich gerade ihren Tisch passiert hatte, hielt ich an und fragte sie ärgerlich: »Und warum sollten wir das tun?« Die Frau war total verblüfft, denn sie hatte angenommen – wie unsere Bewunderer im Hotel Pic auch –, daß jemand, der einen Hund ins Restaurant mitbringt, keinesfalls englisch sprechen könnte. Sie war nur fähig, nichtssagend zu antworten: »Oh, ... diese Tollwut und so ...« Ich ließ diese Erwiderung unbeantwortet in der Luft hängen, damit sie sich von selbst in ihrer Dummheit auflöste. Aber der Frau war es doch gelungen, uns die Freude an dem köstlichen Abendessen zu verderben, das man uns servierte, bis ein junges französisches Ehepaar an einem Tisch in unserer Nähe, das diesen Schlagabtausch offenbar mitgehört hatte, Lupa und Remus wegen ihrer Schönheit und ihres guten Benehmens überschwenglich lobte.

Wir kamen Mitte Mai in unserem Haus in der Vaucluse an. Mérindol ist ein stilles, unauffälliges Dorf auf der uneleganten Südseite des Höhenzuges Lubéron, oberhalb des Tales der Durance. Weil es einstmals ein Zentrum der Waldensersekte war, wurde das alte Dorf, das genau oberhalb des modernen heutigen stand, im Jahre 1545 von dem boshaften Baron Oppède vollständig zerstört. Nach dem Zweiten Weltkrieg begannen Leute aus England und auch aus anderen Ländern, die Ruinen der ursprünglichen Häuser zu kaufen und zu restaurieren.

Unsere Vermieter, ein englischer Maler und seine Frau, hatten aus dem, was von drei verschiedenen Häusern übriggeblieben war, ein einzelnes bezauberndes Steinhaus gebaut, mit Torbögen und Deckengewölben. Ein Teil einer Wand im Eßzimmer war der nackte Stein des Lubéron selbst. Wir wußten sofort, daß wir uns in das Haus verlieben würden – und das taten wir dann auch. (Es hatte jedoch auch eine schlechte Eigenschaft: jedesmal wenn es regnete, kam das Wasser aus immer wieder anderen Teilen des Daches auf uns herunter.)

Wir begannen jeden Tag damit, mit den Hunden ins Dorf zu laufen – quer über ein Feld, auf dem eine große Schafherde graste –, um Brot zu kaufen. Meist brachten wir ein Baguette nach Hause, aber manchmal auch Croissants oder, wenn es gerade da war, *fougasse*, ein flaches Brot, mit Olivenöl gebacken und kunstvoll geformt. Es gab zwei Bäckereien im Dorf, beides kleine Familienunternehmen. Man konnte manchmal die Bäcker sehen, wenn sie sich von ihrer Nachtarbeit neben ihren Backöfen in dem Raum hinter der Verkaufstheke ausruhten, ihre Arme noch weiß vom Mehl. Der wunderbare, tröstende Geruch von frischgebackenem Brot machte es einem unmöglich zu glauben, daß irgend etwas wirklich Ernsthaftes in der Welt nicht in Ordnung sei.

Unsere großen Einkäufe machten wir in Cavaillon, einer kleinen Stadt etwa elf Meilen nordwestlich von Mérindol. Bekannt für ihre saftigen Melonen, hatte sie auch die beste Weinhandlung der Provinz. In ihrem hervorragenden Käseladen konnte man jede Art von Ziegenkäse kaufen, der unwiderstehlich auf riesigen grünen Blättern in einer Glastruhe ausgestellt war. Wir kauften dort auch große Beutel von französischem Trockenfutter für die Hunde. Lupa und Remus fanden es herrlich, was uns bewies, daß sie die französische Küche ebenso liebten wie wir.

Die Hunde waren überhaupt ein großer Erfolg in Cavaillon. Eines Tages, als Ed in einem Laden einkaufte und ich draußen mit den Hunden auf ihn wartete, kam ein alter Mann mit einem Drei-Tage-Bart auf uns zu. Als ich ihm versichert hatte, daß sie ›sages‹ wären und nicht ›méchants‹, fragte er mich, was für eine Hunderasse das sei. Darauf sagte ich ihm, sie seien Mischlinge. »Das ist keine Mischung«, sagte er, »das sind Rasse-Hunde.« (Ich wünschte, er hätte Recht: Die Welt, meine ich, wäre gewiß ein besserer Ort, wenn es eine Zuchtrasse von Lupas und Remus' gäbe!)

Eine alte Frau hielt uns eines Tages auf dem Bürgersteig an, um zu fragen, ob wir unseren Hunden denn auch Zucker gäben, das sei sehr gut für sie, behauptete sie. Zu unserem größten Erstaunen steckte sie ihre Hand grob in Remus' Maul, um seine Zähne und den Gaumen zu untersuchen: Sie seien in ausgezeichnetem Zustand, versicherte sie uns dann. (Remus ließ diese ungewöhnliche Zahnuntersuchung geduldig über sich ergehen – was ich ihm hoch anrechnete.) – Aber das größte Kompliment erhielten sie eines Tages, als ich wieder einmal vor einer Ladentür mit den Hunden wartete. Zwei Damen in dem gewissen Alter fuhren langsam mit ihrem Wagen vorbei, lächelten und deuteten auf die Hunde. Als sie in unserer Höhe waren, hoben sie ihre Hände zum Mund und warfen einen Handkuß nach dem anderen in Richtung der Hunde.

Die Hunde liebten das Leben in Mérindol. Da uns dort, wo wir wohnten, kein Autoverkehr drohte, durften sie rausgehen und reinkommen, so wie sie wollten. Sie schliefen drinnen, da es draußen keinen eingezäunten Hof gab. Ich war glücklich, die Hunde des Nachts drin und in der Nähe zu haben, und Ed eigentlich auch – obwohl er das nicht gleich zugab. Damit war endgültig der Mythos abgeschafft, daß sie im Freien lebende Hunde sein müßten: Sie schliefen nie wieder draußen! Was Remus am besten an Mérindol gefiel, waren unsere Spaziergänge am Nachmittag, denn sie führten uns meistens den Berg hinauf zu einem eingezäunten Feld, in dem mehrere Ziegen grasten. Remus war fasziniert, ja fast bezaubert von diesen Tieren. Er starrte sie mit einer solchen Intensität an, daß er weder unsere Kommandos hörte, die ihn zum Mitkommen ermahnten noch das immer stärker werdende Zerren an der Leine beachtete. Wir mußten ihn letzten Endes immer mit Gewalt abführen. Wir haben nie recht verstanden, was Remus in den Ziegen sah, obwohl sie durchaus stattliche Tiere waren; er zeigte nie ein ähnliches Interesse für Pferde, Kühe oder Schafe.

Natürlich gab es auch ein paar schlechte Augenblicke für die Hunde und dadurch auch für uns. Eines sehr heißen Tages, als wir in unserem stark aufgeheizten Wagen nach Gigondas gefahren waren, hatte Remus beinahe einen Hitzschlag. Ed wußte aus unserem Hundebuch, daß eine Kaltwasser-Dusche die empfohlene Behandlung dafür war. Glücklicherweise gab es einen Dorfbrunnen ganz in der Nähe, und nachdem wir den erschreckten Remus in dem kalten Wasser fast ertränkt hatten, kam er schnell wieder zu sich, jedenfalls war er bis abends wieder gut in Form. Wir waren zum Abendessen in das Restaurant »David« in Roussillon gefahren. Mitten im ersten Gang hörten wir Gekicher von den Nachbartischen. Als wir uns umdrehten, sahen wir Remus langsam durch den Eßsaal kriechen, seine Leine hinter sich herziehend und aufmerksam einer wunderschönen blonden Cockerspaniel Hündin zustrebend, an der wir eingangs vorbeigekommen waren.

Und ein anderes Mal, während einem Ausflug, standen wir auf dem Marktplatz eines winzigen Dorfes, als ein dort ansässiger Hund, offensichtlich wütend über das Eindringen unserer Hunde in sein Territorium, wie ein Geschoß aus einer Seitenstraße gestürzt kam. Er war wie etwas aus einer Disneyfilm Karikatur: fliegende Füße, Staub aufwirbelnd, gefletschte Zähne, drohendes Knurren – und er kam direkt auf uns zu! Da standen wir, auf freiem Platz, unbewehrt, kein Entkommen möglich! Keine Stöcke oder andere Waffen in Sicht! Verängstigt und gänzlich hilflos warteten wir auf den entsetzlichen Angriff und hielten unsere Hunde fest an der Leine. Lupa duckte sich, bereit zur Verteidigung – aber Remus – unglaublich! – blieb ganz kühl. Bewegungslos stand er einfach da und guckte das heranstürmende Biest an, als wollte er sagen: »Was hat der bloß?« Da kam er an, dieser Bulle, der schwere Junge aus dem Dorf! Aber als er nur noch 10 Meter entfernt war, drehte er plötzlich ab und rannte verstört davon, vielleicht von Remus' fast heiliger Angstlosigkeit verunsichert, so als sei er in einer Schlacht geschlagen worden. Was er ja in gewisser Weise auch war!

Eines Tages Ende Juni nahmen wir die Hunde mit nach Tarascon zu einem großen Fest, der sogenannten »Parade de Tarasque«. Der Tarasque war ein sagenhaftes Monster, das im Mittelalter die Stadt heimgesucht haben soll. Es sei aus der Rhone aufgetaucht, so sagte man und habe kleine Kinder und Tiere aufgefressen, und es sei eine Bedrohung für jeden gewesen, der versuchte, den Fluß zu überkreuzen. Glücklicherweise hätte die Heilige Martha ihn schließlich bezwingen können, indem sie das Kreuzeszeichen über ihn machte. – Die arme, scheue Lupa war schon nervös genug gewesen, weil so viele Menschen an dem Tag in der Stadt herumliefen. Aber als der riesige Tarasque, von sechs oder sieben Paar menschlicher Beine bewegt, die Straße herunter kam und Scheinattacken auf quietschende Kinder ausführte, während überall Feuerwerkskörper knallten, war Lupa total verstört.

Dann kam zu unserem Schrecken auch noch ›Tartarin‹, Daudets berühmter Held, auf seinem Pferd die Straße hinuntergalloppiert und feuerte sein Gewehr wiederholt in die Luft. Wir mochten es kaum glauben! Sogar Remus war jetzt entsetzt und Lupa verlor fast den Verstand! Zitternd versuchte sie sich in den asphaltierten Bürgersteig einzugraben! Endlich dämmerte es mir, daß ich die Hunde zurück zum Auto bringen mußte, das einen halben Kilometer entfernt in einem ruhigen Teil der Stadt geparkt war. Ich kann mir nicht vorstellen, was die Leute gedacht haben müssen, als sie mich von den offensichtlich verrückt gewordenen Hunden die Straße hinunter fortgezogen sahen, mit ihrem keuchenden Atem, den hervortretenden Augen, ihren Krallen, die auf dem Pflaster fast Funken schlugen, mit ihren Bäuchen am Boden schleifend! Ich versuchte den entsetzten Passanten zu erklären, daß dies eigentlich ganz sanfte Tiere seien, die ich sehr liebte und immer gut behandelte, und – »sehen Sie doch nur« – daß sie nur furchtbar verschreckt seien, die armen Lieblinge, von den Feuerwerkskörpern und all dem Lärm. Ich versuchte, ein beschwörendes Lächeln aufzusetzen, das all dies erklären sollte – aber ich fürchte, daß nichts davon durchkam. Ich war natürlich sehr verlegen wegen des Spektakels, das wir boten, aber das störte mich viel weniger als der Horror, den Lupa und Remus durchmachten. Ich fühlte mich sehr dämlich und schuldig, denn ich war es gewesen, der darauf bestanden hatte, die Hunde zu diesem Straßenfest mitzunehmen.

Mitte Juli verließen wir Mérindol und fuhren zurück nach Cherbourg für die Einschiffung am 22. Juli auf der Qeen Elizabeth II. nach Amerika. Als wir zur festgesetzten Stunde uns und die Hunde glücklich an Bord gebracht hatten, glaubten wir uns schon halbwegs zu Hause. Natürlich würde die Landung in New York noch etwas hektisch werden, aber das wäre dann auch die letzte Hürde; wir würden sie elegant nehmen, wie alle anderen auch. Wir waren sehr stolz auf uns: Wir hatten tatsächlich beide Hunde mit nach Europa genommen und beide zurückgebracht!

Das Schiff legte nach dem Abendessen von Cherbourg ab – so gegen 9 Uhr abends. Die See war ruhig; aber aus irgendeinem Grund schlief ich schlecht. Ungefähr um 4 Uhr morgens stand ich auf, weil ich doch nicht schlafen konnte, zog mich an und ging nach oben in einen der Salons, um ein paar Briefe zu schreiben. Als ich danach später wieder in die Kabine zurückkam, war ich müde und freute mich auf ein paar Stunden tiefen Schlafes. Aber als ich gerade am Einschlafen war, hörte ich, wie die Ventilatoren, die ständig frische Luft in die Kabinen bliesen, plötzlich aufhörten, eine seltsame Stille entstand. Weit weg hörte ich dann, ganz leise, eine Sirene. Und dann roch ich Rauch! Ich öffnete die Kabinentür und sah, daß der lange Gang davor voller Rauch war – derselbe Korridor, der zehn Minuten vorher noch absolut klar und normal gewesen war!

»Steh auf«, rief ich Ed zu, »und zieh dich an. Nimm deine Schwimmweste mit und die Vorlesungsnotizen, an denen du gearbeitet hast. Es brennt auf dem Schiff!«

Oben auf dem Deck sahen wir im Morgengrauen mehrere Besatzungsmitglieder in weißen Overalls herumlaufen. Das Schiff lag vollkommen still im Wasser und sein einziger Schornstein schickte eine dicke Säule schwarzen Rauches in den Himmel. Schwere weiße Schläuche lagen überall und dazwischen schwarze Klumpen, die wie Kohle aussahen. Bis jetzt war noch keine Ansage über die Lautsprecher erfolgt, aber mehrere andere Passagiere befanden sich ebenfalls schon auf Deck, einige, wie wir, in Rettungswesten. Wir hörten von einem Mitglied der Besatzung, daß es eine Explosion und ein Feuer im Maschinenraum gegeben hatte, aber daß alles unter Kontrolle war. (Später wurde das Gerücht verbreitet, daß vielleicht die I. R. A. eine Bombe in den Maschinenraum gelegt hatte, während das Schiff vor kurzem zur Reparatur im Dock war.)

Wir waren etwa eine halbe Stunde an Deck gewesen, als mir plötzlich auffiel, daß die Portseite des Schornsteins schwarz war und Blasen hatte. »Mein Gott«, sagte ich zu Ed, »der Hundezwinger ist ja gerade dort am Fuß des Schornsteins! Die Hunde ...«

Ich beendete den Satz nicht, sondern rannte los. Was wäre passiert, wenn die Flammen sich durch den Zwinger gefressen hätten? Oder wenn er voller Rauch wäre? Mein Hals wurde sofort trocken vor Angst. Adrenalin stieg in mir hoch und brachte meine Gedärme durcheinander.

Um zu den Zwingern zu gelangen, mußte man hinauf durch das Spielzimmer der Kinder gehen, dann durch eine Tür, auf der stand: »Nur für Besatzungsmitglieder«, durch ein paar Meter Korridor, durch eine weitere Tür und eine Treppe hinauf. Aber als ich die Tür »Nur für Besatzungsmitglieder« öffnete, kam mir dichter Rauch entgegen, und einige von der Besatzung kamen heraus, die Gesichter mit Taschentüchern bedeckt.

»He, Sie können da nicht durch«, sagte einer von ihnen zu mir, als ob ich den Verstand verloren hätte. Ich antwortete: »Ich muß aber, meine Hunde sind da drin!« Jedenfalls dachte ich das, ich hielt meine Luft an und kam zu der zweiten Tür. Gott sei Dank war die Luft dahinter an der Treppe ohne Rauch. Aber als ich den Zwinger selbst erreichte, war er abgeschlossen! Kein Laut von drüben. Waren sie alle tot? Es gab noch eine zweite Tür zum Zwinger, eine, die auf das Deck führte, dort, wo die Hunde ausgeführt wurden. Ich ging wieder rauf aufs Deck, herum zu der anderen Tür – nur um an ein neun- oder zehn-Fuß-hohes Gitter zu kommen, das mir den Weg versperrte. Irgendwie gelang es mir, den Zaun zu überwinden, indem ich meine Zehen in die kleinen Zwischenräume zwischen den Drähten klemmte. Aber die zweite Tür, verdammt nochmal, war auch verschlossen! Ich war verzweifelt, frustriert, wütend! Ich wollte hinaufrennen zur Brücke und den Kapitän anschreien: »Geben Sie mir die Schlüssel zu dem verdammten Hundezwinger! Meine Hunde sind da drin! Das ganze Deck ist vielleicht voller Rauch! Und warum sind denn ihre Leute nicht dort oben und kümmern sich darum, wie sie es sollten?!!«

Plötzlich – aus dem Nichts – erinnerte ich mich an das Bild der ersten Zwingertür: Da gab es einen Grill, ein Gitter am unteren Ende! Vielleicht könnte ich dort an der Luft riechen, die aus dem Zwinger kam? Also ging ich zurück über den Zaun, zur ersten Tür. Ich kniete mich nieder und schnüffelte am Gitter: Frische Luft, voller süßer Tiergerüche, strömte mir entgegen. Ich hörte ein Bellen, dann noch eins. Ich sank auf dem Deck zusammen, schwach vor Erleichterung!

Die Hunde waren in Sicherheit, Gott sei Dank! Aber was würde jetzt geschehen? Die Explosion und das Feuer hatten eine der beiden Turbinen des Schiffes außer Aktion gesetzt und so war die Frage: Würden wir unsere Reise gen Westen langsam mit nur einer Maschine fortsetzen oder sollten wir nach Southampton zurückkehren? Dort müßten die Passagiere dann entweder die Reparatur des Schiffes abwarten, um mit ihm in die USA zurückzukehren oder aber sofort zurückfliegen, auf Kosten der ›Cunard Line‹. Da niemand sagen konnte, wie lange die Reparatur dauern würde, und Ed und ich ziemlich bald zurücksein mußten, um unsere Vorlesungen für das Herbst-Semester vorzubereiten, hatten wir keine Wahl: Wir mußten nach Hause fliegen.

Die Hunde waren natürlich ein Problem. Wegen der strengen Quarantänevorschriften in England fürchteten wir, daß sie vielleicht auf der Q. E. II. bleiben mußten, um mit ihr nach Amerika zurückzukehren, Wochen oder Monate später. Gott sei Dank war das nicht nötig: Man sorgte dafür, daß die Hunde mit uns zurückfliegen konnten. Sie würden am Nachmittag vor dem Abflug in einen Transporter geladen und am nächsten Morgen zum Londoner Flughafen Heathrow gefahren werden, um dort in den geheizten und mit Druckausgleich versehenen Frachtraum unseres Flugzeuges geladen zu werden. Auf diese Weise würden ihre Pfoten den englischen Boden nicht beschmutzen!

Wir sahen diesem Plan mit gemischten Gefühlen entgegen: Obwohl wir froh waren, daß die Hunde mit uns reisten, machten wir uns doch große Sorgen, daß Lupa schrecklich dabei leiden würde. (Remus war jung und selbstsicher, er könnte wohl alles ertragen, dachten wir.) Fremde Menschen würden Lupa aus dem Käfig nehmen, den sie mit Remus teilte, sie in eine Einzelbox stecken und in einen Wagen verladen, den sie nie vorher gesehen hatte. Dann würde sie irgendwohin gefahren werden und Stunden allein im Dunkeln verbringen. Woher sollte sie wissen, was ihr geschah? Sie wäre zu verängstigt zu fressen oder sich zu erleichtern. Schließlich in den Bauch des riesigen Flugzeuges verladen, würden sie den fürchterlichen Lärm des Abfluges hören und fühlen. (Das allein schon könnte Lupas Tod bedeuten, so fürchtete ich, weil sie schon zu Hause furchtbar erschrocken war, wenn sie den Auspuff der Heißluft-Ballons hörte, die manchmal über den Golfplatz zogen. Wenn sie dieses Geräusch hörte, rannte sie sofort nach Hause, unaufhaltsam, total verängstigt.)

Stunden später würde sie bei der Landung wieder herumgestoßen werden und fremde Menschen würden wieder ihre Kiste irgendwohin bringen. Soweit sie es begriff, würde sie Ed, mich und Remus nie wiedersehen: Ihre so hart eroberte Geborgenheit – so müßte sie denken – war für immer verloren.

Wir konnten es gar nicht ertragen, uns ihren unbegreiflichen Terror vorzustellen.

In dem Bus, der uns von Southampton nach Heathrow brachte, saß ich verdrossen am Fenster und sah die Felder vorbeiziehen, die von der langen Trockenheit braun geworden waren. Die Aussicht paßte genau zu meiner Stimmung; ich war von einer schlaflosen Nacht erschöpft, und die unmittelbare Zukunft schien mir so trostlos zu sein, wie die verdorrte englische Landschaft.

Unser Abflug von Heathrow verzögerte sich noch um eine halbe Stunde, während der wir auf die Ankunft des Lieferwagens warteten, der die Tiere von der Queen Elizabeth bringen würde. Obwohl Ed und ich dies nicht wußten, hätte es beinahe eine weitere Krise der Tiere wegen gegeben.

Ein anderer Passagier des Schiffes, der mit einem alten und kranken Schnauzer reiste, hatte irgendwie erfahren, daß der Wagen mit den Tieren entweder verloren gegangen war oder sich sehr verspätet hatte und daß die Flugbehörde beschlossen hatte, sie auf einen späteren Flug zu verladen. Dieser Herr, der um das Leben seines alten Schnauzers fürchtete, hatte daraufhin eine wütende Beschwerde eingelegt und damit gedroht, uns alle darüber zu informieren. »Wenn ich das tue«, sagte er zu dem Piloten unseres Flugzeuges, »werden Sie einen Aufstand der Passagiere am Hals haben.« (Und damit hätte er Recht gehabt!) Der Plan war daraufhin fallengelassen worden und unsere Maschine wartete auf die Ankunft des Hundetransporters.

Der Flug verlief schließlich angenehm und ereignislos; aber als wir New York näher kamen, wurde meine Sorge um Lupa immer stärker. Ich konnte fast körperlich fühlen, wie sie litt und hatte schreckliche Angst vor dem Augenblick, in dem wir ihre Transportkiste öffnen und ein halbwahnsinniges Wrack von einem Hund darin finden würden.

Die Ankunft im Kennedy-Flughafen war ein Alptraum. Es war einer von diesen unerträglich heißen, windstillen Juli-Abenden, die friedliche Bürger in Gangster verwandeln können. Mit den drei extra Flugzeugen voller Passagiere der »Queen Elizabeth«, die den sowieso schon von Sommertouristen vollen Flughafen zum Überlaufen brachten, war der Fußboden des Flughafens ein Chaos von Koffern, Paketen und Kisten. Es gab eine kleine Ecke mit einem Schild, das etwas über »Quarantäne« sagte und über »Tiere«; sie war leer, als wir hinkamen, aber sie war offensichtlich der Ort, an dem die Hunde abzugeben waren. Nachdem wir endlos lange den schuttgleichen Haufen von Gepäck durchsucht hatten, fanden wir schließlich unsere Koffer und Taschen und stellten uns in einer der kilometerlangen Schlangen an, um durch den Zoll zu gelangen. Und immer noch kein Anzeichen von den Hunden!

Ed blieb in all diesem Chaos äußerlich ruhig, offensichtlich um zu verhindern, daß ich in einen peinlichen Ausbruch von Panik und Wut geriet. Irgend jemand verbreitete die schockierende Nachricht, daß alle Tiere von der »Queen Elizabeth II.« draußen, außerhalb des Terminals abgestellt worden waren, auf der Straße, in dem Tumult und den Abgasen von unzähligen Taxis und Lastwagen. Lieber Gott – wie sollte Lupa diesen letzten Angriff auf ihre zerfransten Nerven aushalten? Und wie konnten wir sie denn noch eine Stunde oder länger dort lassen, während wir in der Schlange auf die Zollabfertigung warteten?

Als ich gerade im Begriff stand, etwas ganz, ganz Verzweifeltes zu tun, zeigte uns einer der anderen Hundebesitzer unseres Schiffes einen Zollbeamten, der sich um uns kümmern würde. Ich fühlte mich wie ein Schiffbrüchiger in den Wellen, der ein Rettungsboot sichtet.

»Okay – haben Sie alle Papiere für die Hunde?« fragte der Beamte. »Ja, die sind in Ordnung. Haben Sie etwas zu verzollen? Nein? Dann können Sie hinausgehen!«

In unserer Sorge um Lupa fielen unsere Dankesbezeugungen, fürchte ich, recht kurz aus. Auf der Straße fanden wir ein Inferno von stickiger, verpesteter Luft und betäubendem Lärm vor, mit Taxis, entnervten Touristen, die riesige Gepäckmengen durchsuchten – und, wahllos verstreut auf dem Bürgersteig, etwa dreißig oder vierzig Hundeboxen. Wir fanden Remus zuerst: verängstigt, aber glücklich, uns zu sehen und im Grunde gesund und in ordentlicher Verfassung. Dann fanden wir Lupa! Geduckt in ihrer Box sitzend, terrorisiert, erkannte sie uns zuerst gar nicht. Wir lockten sie heraus und versuchten sie zu trösten. Sie hockte sich sofort auf den Boden und das Pflaster bedeckte sich mit Exkrementen und ihrem hellroten Blut.

Gnädigerweise ist alles folgende, was in dieser Nacht geschah, nur ein verschwommenes Bild in meiner Erinnerung. Ich weiß noch, daß wir, um ein Auto zu mieten, noch einmal in die Halle des Flughafens zurückkehren mußten, wo Lupa wiederholt blutige Exkremente verstreute, die ich versuchte mit Zeitungspapier abzudecken, daß ich irgendwo fand; ich konnte einfach nicht mehr tun, trotz der entsetzten Blicke anderer Leute. – Als wir endlich mit den Hunden Princeton erreichten, waren wir alle in einem Zustand nervöser Erschöpfung.

Obwohl wir erleichtert waren, die Hunde jetzt bei uns zu haben, machten wir uns schreckliche Sorgen um Lupas Gesundheit. Remus erholte sich schneller – aber sie war schwer krank, litt an einer nervösen Colitis. Tagelang nahm ihr Körper keine Nahrung aus dem Futter auf, ihr Gewicht nahm rapide ab, weil ihr gesamtes Verdauungssystem nicht funktionierte. Jack Blumenthal versuchte verschiedene Heilmittel, ohne Erfolg. Wir begannen, um ihr Leben zu fürchten.

»Ich habe alles versucht, was ich weiß«, sagte Jack schließlich. »Ich schicke sie jetzt mit euch ins Veterinärhospital nach Columbus, New Jersey. Die haben dort eine Gruppe hervorragender Spezialisten. Mal sehen, was die für Lupa tun können.«

Wir waren von allem im Hospital in Columbus sehr beeindruckt. Der Ärztestab bestand aus sieben oder acht Spezialisten – ein Orthopäde, ein Augenarzt, ein Kardiologe, und andere – und die Räume, alle strahlend sauber, waren mit eindrucksvollen Mengen von neuesten, hochtechnischen medizinischen Geräten ausgestattet. Ich wäre am liebsten dort selbst in Behandlung gegangen! Ein junger Internist untersuchte Lupa gründlich, sah sich Jacks Bericht an und verschrieb sofort riesige orangefarbige Tabletten – eine ganz neue Arznei. Nach drei Tagen geschah das Wunder: Lupa war kuriert!

So endete das entsetzliche Drama, das mit der Explosion im Maschinenraum der »Queen Elizabeth II.« begonnen hatte!

Lupa

Remus, Norman und Lupa

Remus als Welpe

Remus

Lupa

George mit Remus

Ed Cone auf der »Queen Elizabeth II.«

Ed Cone mit den Hunden vor der Haustür

George Pitcher und Ed Cone mit den Hunden in der Provence

Ed Cone mit den Hunden in der Provence

Remus allein

Zweiter Teil

7

1986. Abschied von Lupa

Im Jahre 1986, zehn Jahre nach unserer aufregenden Rückkehr aus Frankreich, waren sowohl Lupa wie Remus »ältere Herrschaften«, genau wie ihre Besitzer. Remus würde im Oktober zwölf Jahre alt werden und Lupa, schätzungsweise, fünfzehn. Ed und ich waren emeritiert. Ed komponierte, spielte Klavier und schrieb gelehrte Aufsätze über Musik, wie vorher auch. Ich schrieb Kurzgeschichten und die Biographie unserer Freundin Grace Lambert – und versuchte, die Feinheiten der französischen Sprache zu erlernen. Wir führten ein ruhiges, aber zufriedenes Leben, in dem unsere Hunde eine große Rolle spielten. Nachdem wir so viele Jahre mit ihnen zusammen verbracht hatten, wollten wir – oder wenigstens ich – nicht daran denken, daß dieser glückliche Zustand einmal ein Ende haben würde.

Eines Nachmittags im April diesen Jahres kam ich nach Hause zurück und fand Lupa in einem Zustand von Benommenheit vor. Sie kam zwar an die Haustür, aber sie begrüßte mich nicht wirklich, sie torkelte, als wäre sie betrunken. Ich stellte fest, daß sie sich mehrfach übergeben hatte: im Wohnzimmer, im Eßzimmer und in der

Küche. Mein erster Gedanke war, daß sie Gift gefressen haben mußte – aber eine sofortige verzweifelte Untersuchung des Hauses ergab keinerlei Anzeichen dafür. Als ich sie daraufhin zum Tierarzt brachte, hatte ein junger Kollege von Jack Blumenthal Dienst, ein Dr. McMahons. Er sagte, Lupa hätte einen Schlaganfall gehabt – und er begann sofort mit intravenöser Ernährung.

Während der nächsten Tagen war Lupa in einem fürchterlichen Zustand in der Klinik; wir glaubten, daß sie uns bei unseren täglichen Besuchen erkannte – aber das mochte auch nur unsere Hoffnung sein. Sie aß so gut wie gar nichts, außer vielleicht ein paar Stückchen gekochtes Hühnchen aus unserer Hand. Sie konnte nicht aufstehen und nicht einmal sitzen, und ihre Augen irrten umher und waren ins Vage gerichtet. Sie lebte in ihrer eigenen, fremden Welt.

Nach mehreren Tagen, in denen wir keine Besserung sahen, waren wir verzweifelt. Wenn dies jetzt ihr weiteres Leben sein sollte – wäre es dann nicht besser für sie, ihm ein Ende zu setzen?

Nachdem sie eine Woche in der Tierklinik gewesen war, fuhren wir nochmal hin – vielleicht zum letzten Mal, so dachten wir. Denn wir waren übereingekommen, daß, wenn Dr. Blumenthal uns sagen würde, es bestünde keine Aussicht auf Besserung, wir sie loslassen müßten. Wir gingen zu ihrem Zwinger. Sie lag da, verlassen und sehr krank aussehend, aber sie hob ihren Kopf, als sie unsere Hände spürte, und ich meinte, einen schwachen Schimmer des Erkennens in ihren Augen zu sehen.

»Sie scheint etwas munterer zu sein, wenn Sie kommen«, sagte Jack nach ein paar Minuten. (Mein Gott – wie muß sie sonst wohl sein, so dachten wir, wenn er das »munter« nennt?)

»Tragen Sie sie mal hinaus auf den Rasen und lassen Sie uns sehen, wie sie sich dort benimmt«.

Wir legten sie sanft auf das frische neue Grün, dort wo die Sonne den Rasen gewärmt hatte. Sie war gerade mal in der Lage, ihren Kopf zu heben. Wir streichelten sie und sprachen leise mit ihr, ich küßte sie auf den Kopf. Sollte das nun der Abschied von ihr sein? Die hellen Rufe einer Kohlmeise, so voller Freude und Lebenslust vertiefte nur noch unsere Trübsal. Ich bettelte im stillen Lupa an, uns doch wenigstens ein kleines Zeichen zu geben, daß es ihr besserginge, irgend etwas, um uns Mut zu machen.

Jack, der uns beobachtet hatte, kam heraus und sagte: »Ich glaube, Sie sollten sie mit nach Hause nehmen, vielleicht erholt sie sich dort besser. Lassen Sie es uns versuchen!«

Oh – herrlich! Sie würde nicht sterben! Jedenfalls nicht an diesem Tag! Wir segneten Jack in unserem Herzen dafür, daß er das Todesurteil nicht ausgesprochen hatte.

Zu Hause lag Lupa stundenlang still auf einem Bett, das wir unter einer Kiefer für sie gemacht hatten. Wenn wir sie aufhoben, hingen ihre Beine schwach herunter, als wären sie an ihrem Körper nur angenäht. Bald jedoch begannen ihre Augen sich zu konzentrieren und der Blick stabilisierte sich, und wenn wir uns ihr näherten, legte sie die Ohren an, in einer Geste des Erkennens, so wie vor dem Anfall. Sie begann auch, erkleckliche Portionen von dem Hühnchen zu fressen, das wir für sie kochten. Eines Tages setzten wir sie auf, und ihre Vorderbeine hielten sie für eine Weile aufrecht.

Ja, es ging ihr besser – aber ihre Hinterbeine waren noch immer gelähmt. Ich hatte, wie immer, die finstersten

Gedanken: Sie war zu alt, sie konnte sich von so einem schweren Schlaganfall nie wieder ganz erholen; sie würde nie wieder laufen können. Ich überlegte fieberhaft, was für einen Karren ich ihr für ihr Hinterteil konstruieren könnte, der es ihr erlauben würde, sich fortzubewegen.

Aber ich hatte ihren starken Überlebenswillen unterschätzt! Eines Abends lag sie in der Küche, und als wir hereinkamen, wedelte sie mit dem Schwanz! Wir jubelten bei diesem Anblick, denn das bedeutete ja, daß einige Signale von ihrem Gehirn jetzt bis zum Ende ihres Körpers durchkamen! Die Schwanzbewegung rührte mich wieder so, wie vor vielen Jahren eine andere Bewegung ihres Schwanzes mich gerührt hatte, damals unter dem Schuppen!

Nach vier oder fünf Tagen zu Hause hatte Lupa immer noch keine Verdauung gehabt. Wir kauften also auf Jacks Rat hin eine Klistierspritze und warteten noch einen Tag, bis wir sie anwenden wollten in der Hoffnung, daß die Natur uns das abnehmen würde. Als wir nicht mehr warten durften, marschierten wir entschlossen in den Hof, mit der Spritze in der Hand, um festzustellen, daß Lupa von ihrer Matratze geklettert war, um sich zu erleichtern und sogar bis zum Geräteschuppen gekrochen war – zu ihrem alten Refugium. Ed und ich waren uns ziemlich sicher, daß sie den Einlauf so fürchtete, daß sie beschlossen hatte, diese Angelegenheit selbst zu erledigen! Wir waren sehr erleichtert, daß sie den Einlauf nicht mehr brauchte, aber vor allem selig, daß sie allein aufstehen und ein paar Schritte gehen konnte.

Danach erholte sie sich schnell. Sie hatte ganz offensichtlich in der Tierarztpraxis geglaubt, daß wir sie aufgegeben und verlassen hätten, und so hatte sie einfach das Gesicht zur Wand gedreht. Aber wieder zuhause, mit Remus zusammen und von Ed und mir umsorgt, kam ihr Lebenswille zurück. Jack Blumenthal hatte genau gewußt, was er tat, denn er kannte die Heilkraft der Liebe!

(Jack selbst starb schon ein Jahr später ganz plötzlich, ebenfalls an einem Schlaganfall! Seine Praxis wurde dann von einem jungen Tierarzt übernommen, Dr. James Miele, dem wir unser Vertrauen entgegenbrachten und den wir bald bewunderten.)

Nachdem Lupa sich von ihrem Schlaganfall erholt hatte, und obwohl sie im Grunde wieder gesund war, begannen sich doch die ersten Anzeichen dafür zu mehren, was sie wirklich war: ein sehr alter Hund. Ihr Gehör und ihre Sehkraft, zum Beispiel, begannen nachzulassen. Eines Abends im folgenden Herbst, als Ed in England Vorlesungen hielt, war ich bei Freunden zum Essen eingeladen. Die Hunde waren ebenfalls eingeladen. Wir saßen zuerst noch draußen und genossen einen kühlen Septemberabend mit unserem Glas Wein oder Sherry vor dem Essen, während in der Ferne der Donner leise grollte. Als wir zum Essen ins Haus gingen, war Lupa verschwunden. Wir riefen und pfiffen, wir suchten sie – sogar in der Hundehütte des Nachbarn. Vergeblich! Ich machte einen heldenhaften Versuch, ruhig zu erscheinen: Lupa mußte vom Donner erschreckt worden sein und war offenbar weggekrochen, um irgendwo Schutz zu suchen. Wie, wenn sie versucht hätte, nach Hause zu laufen, überlegte ich. In dem Fall hätte sie ein paar äußerst gefährliche Straßen überqueren müssen; und die Dunkelheit setzte schnell ein. Sie war jetzt auch nicht in der Lage, große Strecken zu laufen. Würde sie auf der Straße zusammenbrechen? Mein Gott – wo war sie nur?

Zwischen den Gängen unseres unruhigen Dinners gingen wir alle hinaus, um nach Lupa zu suchen. Wir riefen pausenlos; wir schalteten alle Lampen im Haus und draußen an, damit sie uns finden könnte. Ich sagte mir selbst dauernd, daß Lupa ja ein Überlebenskünstler war, sie mußte auftauchen!

Nach dem Essen, drei oder vier Stunden nach ihrem Verschwinden, sagte mein Gastgeber: »Warum nehmen Sie nicht Ihren Wagen und fahren herum, um sie zu suchen?« Ich war inzwischen eines selbständigen Gedankens nicht mehr fähig, also nahm ich diesen Vorschlag dankbar an. Als ich, nicht weit von dem Haus entfernt, um eine Ecke bog, sah ich im Scheinwerferlicht meines Wagens Lupa auf der Mitte der Straße liegen, aufmerksam und geduldig. Sie hatte den Weg verloren, war desorientiert in dieser fremden Gegend und hatte den Weg zurück zu dem Haus nicht mehr gefunden. Und da sie halb taub war, hatte sie auch unsere Rufe und Pfiffe nicht gehört. Also legte sie sich mitten auf den Damm und wartete, daß ich sie finden würde. – Ich sprang aus dem Auto und erwartete, daß sie mich freudig begrüßen würde – aber statt dessen rannte sie weg! Die Scheinwerfer hatten sie geblendet, so daß sie nicht sehen konnte, wer da auf sie zukam. Da sie jedoch nicht mehr sehr schnell rennen konnte, hatte ich sie bald eingeholt. Als sie mich fühlte und meinen Geruch wahrnahm, war sie sehr erleichtert und ebenso glücklich in meinen Armen, wie ich es war, sie dort zu wissen.

Ungefähr ein Jahr später, im Herbst 1987, hatte Lupa ein Nieren- und Leberversagen, das ihr wieder fast das Leben kostete. Als wir von der Tierklinik nach Hause kamen, nachdem wir sie dort gelassen hatten, blieb Remus im Auto sitzen, statt wie sonst sofort hinauszuspringen, und drückte sich in eine Ecke des Rücksitzes. Während der Woche, in der sie weg war, aß er kaum und bewegte sich unglücklich im Hause herum. Seine Geister kehrten jedoch sofort zurück, als sie wieder nach Hause kam, und Lupas auch. Sie wurde schnell wieder so gesund, wie ein Hund ihres Alters es sein konnte.

Im Jahr 1988 war Lupa siebzehn Jahre alt, vielleicht sogar mehr. Im Laufe des Jahres verfiel sie allmählich der Altersschwäche: Ihre Spaziergänge wurden kürzer und kürzer, es fiel ihr immer schwerer, und schließlich ganz unmöglich, Treppen zu steigen; sie wurde halbblind, fast ganz taub und inkontinent. Der Sommer dieses Jahres war in unserem Teil der Welt fast unerträglich heiß (wie diejenigen, die ihn durchlebten, sich erinnern werden). Die Klimaanlage in Eds Arbeitszimmer, die wir sonst nur ganz selten anstellten, lief im Sommer 1988 Tag und Nacht, vor allem Lupas wegen.

Die Hündin war beispielhaft in der Art und Weise, wie sie die Qualen des letzten Jahres ihres Lebens ertrug. Mehrmals am Tag mußten wir sie hinaustragen, damit sie sich erleichtern konnte. Jedesmal fiel sie zuerst hin, aber nachdem wir sie kurz aufrecht gehalten hatten, konnte sie selbst stehen, wenn auch nicht sehr fest. Sie erledigte, was sie zu tun hatte, und torkelte dann, immer nur ein paar Schritte, zur Hintertür. Manchmal schaffte sie es nicht ganz, und wenn wir dann kamen, um sie reinzuholen, fanden wir sie auf dem Gras liegend vor oder halb über den kleinen Steinwall hängend, der den Rasen von dem Kiesweg trennt – schweigend, unfähig sich zu bewegen, darauf wartend, daß man sie rettete. Manchmal allerdings war sie in der Lage, vom Eßzimmer bis zur Vordertür zu hoppeln, um das Haus vor Eindringlingen zu schützen.

Diese Heldentaten zeigten uns ihre wilde Entschlossenheit, sich von ihren Schwächen nicht unterkriegen zu lassen.

Wie Ed es ausdrückte: sie war für uns alle ein Musterbeispiel dafür, wie man zu sterben hatte!

Und es war klar – nur allzu klar –, daß sie am Sterben war. Da ich dies wußte, kniete ich mich dauernd zu ihr nieder, um sie zu streicheln, zu küssen, ihr süße Worte ins Ohr zu flüstern. Ich wollte Lupa das geben, wonach sie sich immer gesehnt hatte: die Gewißheit, daß man sie sehr liebte. Ich tat dies alles jedoch auch für mich selbst: Ich wollte sichergehen, daß – egal, wie hart ihr Tod für mich sein würde – ich wenigstens nachher nicht durch den Gedanken bedrückt würde, daß ich versäumt hätte, ihr zu sagen und zu zeigen, was sie mir bedeutete.

Wir dachten auch, daß wir vielleicht egoistisch handelten, wenn wir Lupa weiter am Leben hielten. Vielleicht hätte sie den Tod dem reduzierten Leben vorgezogen, das sie jetzt noch hatte? Aber Dr. Miele, der unsere Sorgen ahnte, sagte uns, daß Lupa es zeigen würde, wenn sie das Interesse am Leben verloren hätte – und bis jetzt hatte sie uns ein solches Signal noch nicht gegeben: Ihr Appetit war gut, sie leckte die Teller hinterher genauso gründlich ab wie eh und je; ihr Gesichtsausdruck war gespannt, und obwohl sie sich nicht wirklich wohl fühlte – die Arthritis in ihrer Hüfte war gewiß sehr unangenehm –, gab sie keine Anzeichen von tatsächlichen Schmerzen. Sie schien gern mit uns zusammen zu sein – und so verwöhnten wir sie weiter und bewunderten ihren stillen Mut.

An einem der heißen, dampfenden Abende im späten Juli lag Lupa in Eds Studio, während ich die Sonntagszeitung las. Ich bemitleidete mich selbst sehr, weil ich an einem eingeklemmten Nerv im Nacken litt, sowie an einem Tennisellenbogen, der so schlimm war, daß ich die rechte Hand nicht zum Munde führen konnte.

Ed war zu einem Dinner weggegangen und danach zu einem Konzert, auf das ich verzichten mußte. Ich stand schließlich auf, um mir etwas zum Abendbrot zu machen, als ich Lupas Blick auffing. Sie sah mir tief und lange in die Augen, mit einer unendlichen Zuneigung. Ich wurde plötzlich von einer riesigen Zärtlichkeit für dieses galante, schöne Tier überwältigt. Ich kniete neben ihr nieder und streichelte vorsichtig ihr Fell. Sie hob ihren Kopf an meine Hand, drückte ihn dagegen und bewegte ihn sanft darunter hin und her. Ein Strom von Liebe floß zwischen uns, so real wie ein Tisch oder ein Klavier. Unsere gemeinsamen Jahre der Sorge und Fürsorge, das Auf und Ab eines gemeinsamen Lebens unterstrichen ruhig und sanft unser Zusammensein jetzt, unser Wissen umeinander, unser vollkommenes Verstehen des anderen. Sie hätte es in Worten so ausdrücken können: »Ich weiß, daß du mich liebst, und was mich anbetrifft, so bete ich dich an. Ich vertraue dir und liebe dich, was immer geschehen mag.«

Bald konnte Lupa nicht mehr aufstehen, und sich nicht einmal aufsetzen; wir konnten nichts mehr für sie tun, als verzweifelt auf ihr Ende zu warten. (Remus verbrachte seine ganze Zeit damit, still an ihrer Seite zu liegen). Jeden Morgen, wenn ich aufstand, hoffte und fürchtete ich gleichzeitig, daß sie über Nacht im Schlaf gestorben war. Aber das war nicht ihre Art: Ich wußte in meinem Herzen, daß sie uns nie so heimlich verlassen würde, mitten in der Nacht. Aber wie sollten wir denn den Mut finden, ihren Tod zu verlangen? Obwohl wir wußten, daß wir das eines Tages tun mußten, erschien es uns ganz ausgeschlossen, ganz außerhalb unserer Kraft.

Eines Sonntagabends, nachdem wir Lupa zu Bett gebracht hatten, wurde sie von rasenden Schmerzen und Krämpfen überfallen. Ihre Schreie waren fürchterlich, wie Messerstiche! Wir wußten, daß sie nicht so schreien würde, wenn die Schmerzen nicht unerträglich wären. Wir riefen Dr. Mieles Anrufbeantworter an, aber der Auftragsdienst mußte eingeschlafen sein – jedenfalls bekamen wir keine Antwort. Wie um alle Welt sollte Lupa, und wie sollten wir diese Nacht durchstehen? Als ich sie streichelte, schien sie sich ein wenig zu beruhigen, und ich beschloß, die Nacht bei ihr zu verbringen – aber ich hatte wenig Hoffnung, daß dies ihre Agonie erleichtern könnte. Gerade, als die ganze Situation total hoffnungslos wurde, hatte Ed die brillante Idee, ihr einige Beruhigungstabletten zu geben, die wir noch von unserer Europareise vor zwölf Jahren übrig hatten. Sie versetzten den Hund in eine Art Koma, und die Schmerzen verschwanden offenbar.

Früh am nächsten Morgen brachten wir den noch immer tiefschlafenden Hund zu Dr. Miele. Er untersuchte sie und sagte dann, was wir ohnehin wußten, aber zu hören fürchteten: »Es ist Zeit, sie gehen zu lassen«. Wir nickten nur, ohne recht zu wissen, was wir taten. Ich hielt sie in meinen Armen und Ed streichelte sie, als die Überdosis des Betäubungsmittels seine tödliche Wirkung erbrachte. Nach wenigen Sekunden schon hörte ihr Herz auf zu schlagen.

Ed – der sich besser in Kontrolle hatte als ich – bat den Arzt, Lupa einäschern zu lassen, wie wir es verabredet hatten. Es fiel uns unendlich schwer, ihr das Halsband abzunehmen, das Symbol ihres Vertrauens in uns und ihrer ewigen Zuneigung.

Draußen saßen wir im Auto und heulten beide in unserem Unglück. Noch viele Tage später sollten wir plötzlich in Tränen ausbrechen, ohne vorherige Warnung, ohne Anlaß. Selbst jetzt noch muß ich meine Augen von gewissen Spuren abwenden, die Lupa hinterlassen hat: Kratzer an der Tür, die sie machte, während sie auf die ankommende Post wartete; die Flecken an der Wand neben ihrem Bett – und doch will ich diese Zeichen, diese Erinnerungen an ihr Leben nicht wegwischen. – Ich träume regelmäßig von Lupa, und Ed tut es auch; ich vermute, daran wird sich nichts ändern. Aber obwohl sie unsere Traumwelt bereichert, hat ihr Tod ein riesiges Loch in das Zentrum unseres wachen Lebens gerissen.

Über Lupas Tod

Sie war schon da,
Bevor wir's wußten.
Still
Unter dem Schuppen.
Geborgen nur
Für kurze Zeit.
Doch ihre Welpen,
Beim Säugen,
Verrieten sie.

Sie war, zuerst,
Nur ein Paar Augen,
Leuchtendes Blau
In dunkler Höhle.
Wild
Und unberührbar.
Ihre Botschaft hieß,

So schien es:
»Laßt mich in Ruhe!«
Doch,
Was sie wirklich meinte, war:
»Liebt mich denn keiner?«

Woher denn sollte sie wissen –
Oder auch wir –
Daß, als sie zu uns kroch
In unsere Leben.
Sie dort geborgen war
Für immer!

Lupas Asche und ihr Halsband liegen in unserem Garten unter der großen Kiefer begraben. Darüber ist ein großer Stein aus Granit mit den eingravierten Worten »Unsere geliebte Lupa«.

Unsere Gedanken werden immer zu Lupas Tapferkeit und ihrer Liebe zu uns zurückkehren. Und diese beiden Eigenschaften hängen irgendwie zusammen: Denn was sie veranlaßte, gegen die Auswirkungen ihrer vielen schweren Krankheiten anzukämpfen, und was sie bewog, ihre letzten Gebrechen so tapfer zu ertragen, war nicht so sehr unsere Liebe zu ihr, als vielmehr ihre grenzenlose Liebe zu uns: Sie konnte es nicht ertragen, uns zu verlassen! Und in gewisser Weise hat sie das auch nicht getan: Für Ed, ebenso wie für mich, ist sie immer noch wirkliche Gegenwart – und das wird sie auch immer bleiben. Sie kann uns nie wieder verlassen.

Wenn ich an Lupas Leben zurückdenke, so erkenne ich mehr und mehr, was für eine ungeheure Menge an Dank ich ihr schulde. Ihre totale, fraglose Zuneigung zu mir, wie zu Ed, wäre schon Geschenk genug, um für immer dafür dankbar zu sein. Aber auch indem sie meine Liebe zu ihr akzeptierte, obwohl sie am Anfang so furchtbare Angst vor selbst dem geringsten menschlichen Annäherungsversuch hatte, erhob mich, so fühlte ich, in eine spezielle Klasse von verdienstwürdigen Personen. Ich fühlte mich geehrt!

Indem sie auf diese Weise mein Selbstgefühl stärkte, erfüllte sie mir ein lebenslanges – zweifellos übertriebenes – Verlangen nach Selbstbestätigung.

Durch die Art und Weise wie sie starb, gab sie mir zum ersten Mal in meinem Leben eine richtige Einschätzung von Leben und Tod. Sie lehrte mich, was es heißt, dem Tod mit Würde, mit Geduld und mit Mut ins Auge zu sehen. Vor allem aber lehrte sie mich, den Tod von jemandem zu ertragen, den ich liebte. Als Kind hatte man mir erlaubt, alle Begegnungen mit dem Tod zu vermeiden: Ich wurde nie zu Beerdigungen mitgenommen. man enthielt mir – wie ich schon eingangs erklärt habe – sogar das Wissen um den Tod meines Hundes Joe vor.

Als meine Mutter starb, war ich schon erwachsen, aber wie ein unschuldiges Kind in der Unfähigkeit, dem Tod ins Auge zu sehen; ich hatte jahrelang bestritten, was allen anderen ganz offensichtlich war: daß sie Krebs hatte und daran sterben würde. – So daß ich selbst am Ende, in dem Krankenhaus, das sie nie wieder verlassen würde, es nicht über mich brachte, von ihr Abschied zu nehmen. Ich hielt ihr nicht die Hand; – ich erklärte ihr nicht meine Liebe für sie und dankte ihr nicht für die ihre. – Einige Jahre später starb mein Vater plötzlich und unerwartet an einem fernen Ort. Auch dort gab es wieder keine Konfrontation mit dem Tod für mich. Da ich dem Tod so lange aus dem Wege ging, blieb er für mich mysteriös und ungeheuerlich. Und natürlich hatte ich groteske Vorstellungen davon: Wenn jemand, den ich liebte, starb, so bewies mir das nur, daß er sich wenig aus mir machte. Es war alles seine Schuld! Lupa kurierte mich von diesen kindischen, verletzenden Vorstellungen. Sie zwang mich, dem Tod gerade in die Augen zu sehen, seine Realität zu akzeptieren. Sie lehrte mich, jemandem beim Sterben nahe zu sein, ihn zu trösten. Sie zeigte mir die einfache Wahrheit, daß der Tod die natürliche Abrundung des Lebens ist, ja sogar, daß er ein ersehntes Ende sein kann. Sie lehrte mich, es einer geliebten Person nicht übelzunehmen, wenn sie starb, sondern sie im Gegenteil um so mehr zu lieben. Sie lehrte mich, Abschied zu nehmen. Und schließlich lehrte sie mich, trauern zu können.

8

Abschied von Remus

Remus war fast vierzehn Jahre alt, als Lupa starb. Sie waren sein ganzes Leben lang unzertrennliche Freunde und Kameraden gewesen und sie fehlte ihm unendlich. Tatsächlich erholte er sich nie mehr ganz von dem Schock ihres unerklärlichen Verschwindens. Wochenlang nach ihrem Tod folgte er uns noch lustlos von einem Zimmer zum anderen und behielt einen oder den anderen von uns ständig im Auge. Jeden Abend, wenn ich vor dem Einschlafen im Bett lag, kam er von dem Stuhl, in dem er schlief, an das Fußende meines Bettes und sah mich ein paar Augenblicke lang an, um sich zu vergewissern, daß ich noch da sei und ihn nicht auch heimlich verlassen hätte wie Lupa. Und wenn wir ihn mal zeitweise allein zu Hause gelassen hatten, hörten wir ihn bei unserer Rückkehr leise vor sich hin heulen. Herzerbrechend!

Es war uns jetzt klar, daß Remus nicht mehr der ewig junge Hund war, der wunderbarerweise allen Gesetzen des natürlichen Alterns jahrelang getrotzt hatte, sondern daß er nun das geworden war, was er eigentlich war: ein alter Hund! Diese Verwandlung, von Lupas Tod natürlich beschleunigt, hatte tatsächlich schon etwa ein Jahr vorher begonnen, als er kastriert werden mußte. Der einzige Vorteil meiner pessimistischen Meinung vom Leben, die immer das Schlimmste erwartet, ist die, daß ich manchmal als erster etwas wirklich Trostloses entdecke, wie die Risse in der Wand, die von einem verfaulten Balken im Keller herrührten oder den Fleck an der Zimmerdecke, den ein geplatztes Wasserrohr im oberen Stock verursacht hat. So war ich es also, der zuerst bemerkte, daß einer von Remus' Hoden vergrößert und hart war. Wir brachten ihn zu Dr. Miele, der soeben die Praxis von Jack Blumenthal übernommen hatte.

»Wir müssen die Hoden entfernen«, sagte er. »Es ist ein Tumor. Vielleicht ist er gutartig, aber wir dürfen kein Risiko eingehen.«

Mein Herz sank mir in die Tasche, obwohl ich schon befürchtet hatte, was er sagen würde. Dies war das erste Mal, daß wir einen Hund mit einer ernsthaften Beschwerde zu dem neuen Tierarzt gebracht hatten, und er war daher für uns ein unbeschriebenes Blatt. Außerdem sah er mir unheimlich jung und unerfahren aus. Meine Sorge um Remus' Wohlergehen war mir daher wichtiger als meine Höflichkeit dem Arzt gegenüber, und so fragte ich ihn ziemlich direkt: »Haben Sie denn diese Operation schon einmal gemacht?«

»O ja, sehr oft«, sagte er, ohne eine Spur von Gekränktheit in der Stimme.

»Aber Remus ist doch schon so alt«, fuhr ich fort. »Wird es nicht gefährlich sein, ihn zu operieren? Ich meine, wird er die Narkose überleben können?«

»Nun«, sagte der Doktor, »ich bin zufällig einer von nur drei Tierärzten in dieser Provinz, die ermächtigt sind, eine bestimmte Anästhesie anzuwenden, die speziell für ältere Tiere erfunden wurde. Es wird ihm nichts passieren, haben Sie keine Angst!« Und dann fügte er noch hinzu – um sich ein bißchen für meine impertinente Infragestellung seiner Kompetenz zu revanchieren: »In der Tat, wenn einer von Ihnen beiden eine Operation benötigen sollte, würde man wahrscheinlich dieselbe Narkose anwenden«.

Remus hat die Operation sehr gut überlebt, der Tumor war gutartig, und ich wurde augenblicklich ein begeisterter Anhänger des jungen Doktor Miele.

Nicht lange nach Lupas Tod begannen Ed und ich wieder eine Reise nach Frankreich zu planen. Nach der langen Qual von Lupas Sterben und Tod hatten wir einen richtigen erholsamen Urlaub nötig. Irgendwo in Südfrankreich, dachten wir, wäre ideal!

Remus mußte natürlich mitkommen; aber in Anbetracht seines vorgerückten Alters kam ein Flug nicht in Frage, und so mußten wir uns noch einmal auf die ›Queen Elizabeth II‹ verlassen.

Wir begannen im November 1988 das New Yorker Büro der ›Cunard Lines‹ anzurufen, um zu hören, zu welchen Zeiten das Schiff im Sommer 1989 von New York ablegen würde. (Wir waren etwas schockiert durch die telephonische automatische Begrüßung: »Guten Morgen, Cunard Lines. Willkommen an Bord!«) Wochenlang hörten wir nichts: Die Fahrpläne für 1989 waren noch nicht veröffentlicht! Dann bekamen wir widersprechende Auskünfte: Ein Agent sagte uns, es gäbe wohl eine ostwärtige Überquerung nach Cherbourg und eine westliche von Cherbourg zurück einen Monat später. Diese Auskunft kam als ein Schock, denn wir hatten angenommen, daß wie früher, jede Transatlantische Route ein Stop in Cherbourg einlegen würde. Eine andere Vertretung hatte jedoch eine noch schlechtere Nachricht: es gäbe überhaupt keine Überfahrt, die in Frankreich anlegte.

Kurz vor Weihnachten schickte uns *Cunard* den offiziellen gedruckten Fahrplan der ›Queen Elizabeth‹ für 1989: zu unserer etwas gedämpften Freude verzeichnete er genau eine ostwärtige Fahrt, am 28. Juni von New York, und eine westliche Überfahrt von Southampton am 5. August, die in Cherbourg anlegte.

Dies war allerdings gar nicht ideal für uns: Erstens wollten wir nicht gerade im Juli in Europa sein, und zweitens, wenn wir nur einen Monat Zeit hätten für Frankreich, wollten wir nicht mehrere kostbare Tage davon für die Hin- und Rückreise von Cherbourg in die Provence verschwenden. Wir könnten jedoch statt dessen ein Haus im Norden Frankreichs mieten, dachten wir, und beschlossen daher, die beiden Überfahrten nach und von Cherbourg zu buchen. (Wir fanden dann tatsächlich auch ein sehr hübsches Haus in dem Dorf Sante Gemme, fünfzehn Meilen westlich von Paris.)

Als wir jedoch unsere Reservierungen für diese Überfahrten bei Cunard anmelden wollten, hörten wir zu unserer Bestürzung, daß »wir nicht unbedingt den gedruckten Fahrplan einhalten. Das letzte Wort über die Cherbourg-Überfahrten sei noch nicht gesprochen – es ist noch nicht abzusehen, wann wir erfahren werden, ob wir in Cherbourg anlegen oder nicht«. Endlich gelang es uns, einen zuverlässigen und hilfsbereiten Menschen im New Yorker Büro der Cunard Lines zu finden, Herrn Tom Guinan, ohne dessen Hilfe wir die Reise mit dieser Gesellschaft ganz aufgegeben hätten. Er erkundigte sich und konnte uns vor Ende Januar bestätigen, daß diese beiden Cherbourg-Überfahrten tatsächlich stattfinden würden.

Im März erhielten wir eine neue beunruhigende Nachricht von Cunard: Bei der östlichen Überfahrt würden die Passagiere nach Cherbourg in Southampton ihr gesamtes Gepäck einpacken, ihre Kabinen räumen und das Schiff verlassen müssen und die Nacht in einem Hotel verbringen (auf eigene Kosten!), um sich am nächsten Morgen wieder einzuschiffen für die Fahrt über den Ärmelkanal. Es wurde keine Erklärung oder gar Entschuldigung für diesen abenteuerlichen Plan gegeben. Gleichzeitig sagte man uns, daß Remus trotzdem über Nacht an Bord bleiben könnte, obwohl wir das Schiff in Southampton verlassen müßten. (Gott sei Dank!) Aber – es gäbe da ein offizielles Formblatt, das diese Erlaubnis erteilte und von jemandem in einem Ministerium in England unterschrieben werden müßte. Cunard würde uns dieses Formular zuschicken, welches wir ausfüllen und ihnen zurücksenden müßten, damit sie es nach England schickten. Einige Wochen nachdem wir die Formulare eingereicht hatten, riefen wir an, um zu hören, ob Remus' Papiere aus England zurückgekommen seien. Man sagte uns, daß Cunard die Papiere von uns nie erhalten hätte. Wir mußten diesen Prozeß also wiederholen.

Im Mai erhielten wir unsere Billets. Sie waren in Ordnung – aber was war denn das? Remus war nur bis Southampton gebucht. Es gab weder eine Buchung für ihn nach Cherbourg noch eine von Cherbourg zurück nach New York. Ich rief verzweifelt in New York an. »Wo sind die restlichen Fahrkarten für unseren Hund?«, fragte ich die Agentin, eine Frau mit einem deutlichen englischen Akzent.

»Lassen Sie mich nachsehen. Ach ja: wir können den Rest des Billets unmöglich ausstellen, bevor wir nicht die Erlaubnis aus London haben, daß er in Southampton an Bord bleiben darf.«

»Aber wir haben Ihnen doch die nötigen Papiere dafür schon vor Wochen geschickt«, meinte ich hilflos drängend.

»Sie haben sie an *uns* geschickt?«, fragte die Stimme am anderen Ende der Leitung streng. »Das hätten Sie nicht tun sollen – Sie sollten sie direkt nach England schicken.«

»Aber uns wurde wiederholt von den Leuten in Ihrem Büro gesagt, wir sollten sie *Ihnen* schicken!«

»Ich kann mir nicht vorstellen, warum jemand von uns Ihnen das gesagt haben sollte«, antwortete sie.

»Was sollen wir denn jetzt tun?«, fragte ich verzweifelt.

»Sie könnten das Britische Konsulat in New York anrufen«, war die hilfreiche Antwort.

Jetzt wußte ich, wie sich Kafkas Figur *K.* (in seinem Stück »Im Schloß«) gefühlt haben mußte, als er versuchte, im Schloß Eintritt zu erhalten.

Das Britische Konsulat sagte uns, wir könnten Remus' Formular an das Ministerium für Ackerbau, Fischerei und Nahrungsmittel in Surrey schicken. »Aber«, sagte die Stimme am Telefon, »es dauert oft Wochen, bis diese Formulare bearbeitet und zurückgeschickt werden.« Und unser Schiff ging in einem Monat ab!

Europa schien ein unerreichbares Vorhaben zu sein! Sollten wir nicht lieber ein Haus an der Küste von Jersey für einen Monat mieten – wenn es dafür nicht auch schon zu spät war?

Ich war gerade so weit, die Idee mit Frankreich aufzugeben, als der immer einfallsreiche Ed auf die Idee kam, das Ministerium für Ackerbau und so weiter in Surrey anzurufen. Er wurde von einem Büro im Ministerium zum anderen weiterverbunden, bis er endlich eine Miss

H. Brownrigg erreichte, deren Namen wir für alle Zeiten in Ehren halten werden.

»Dies ist Miss Brownrigg«, sagte sie. »Wie kann ich Ihnen helfen?«

Ed sagte mir später, er hätte sofort das Gefühl gehabt, mit jemandem zu sprechen, die genau wußte, worüber sie redete, und die jedes Problem lösen konnte. Er sollte Recht behalten.

Er erklärte Miss Brownrigg unser Problem.

»Aber wieso denn – da gibt es doch gar kein Problem«, sagte sie. »Ihr Hund braucht überhaupt kein Formular, um über Nacht in Southampton an Bord zu bleiben. Wir haben einen offiziellen Brief, der genau das besagt, und ich werde diesen sofort an Sie schicken.« Was sie natürlich auch tat!

Gute Nachricht! Aber unser Glaube an das Büro in New York war jetzt so erschüttert, daß wir uns nicht darauf verlassen wollten, Remus' Billet noch rechtzeitig vor der Abreise zu bekommen. Also fuhr Ed nach New York, um es abzuholen – bewaffnet mit Miss Brownriggs Brief. Als er im Büro der Cunard Line ankam, gab man ihm das Billet für Remus von Cherbourg nach New York – aber nicht das von Southampton nach Cherbourg.

»Wir können den Teil des Billets nicht ausstellen, bis wir nicht die Genehmigung dazu aus England haben«, sagte man ihm zum x-ten Mal.

Ed holte den Brief von Miss Brownrigg aus der Tasche und verlangte den vertrauenswürdigen Mr. Guinan zu sehen. Der las den Brief, machte ein paar Erkundigungen und übergab Ed das fehlende Billet für Remus!

Nun hatten wir endlich alles, was wir brauchten, um sicher zu sein, daß wir alle nach Cherbourg – und zurück – auf der Queen Elizabeth II segeln würden. Aber nach unseren kafkaesken Verhandlungen mit Cunard hatten wir – vor allem ich – immer noch die Angst, daß Remus einfach in Southampton verschwinden würde, während er allein an Bord war – verloren in irgendeinem bürokratischen Nebel von: »Ach, da hätten Sie aber ...«, oder: »Es steht doch hier ganz genau geschrieben ...«, oder »Nun, davon wissen wir gar nichts«, oder schließlich: »Ja, aber das ist nicht unsere Schuld!« (Glücklicherweise ging Remus nicht versehentlich in Southampton verloren!)

Als wir an Bord gegangen waren, stellten wir fest, daß sich im Hundezwinger seit unserer letzten Reise einiges geändert hatte. Das Hundedeck mit seinen Käfigen war von der Port-Seite nach Starbord verlegt und verkleinert worden. Im Jahr 1976 war das Schiff in erster Linie ein Transatlantisches Passagierschiff, und der große Zwinger hatte Platz für etwa 40 Tiere. Aber jetzt, 1989, war es zu einem Kreuzfahrtschiff umgebaut worden, und da die Leute ihre Lieblinge auf Kreuzfahrten nicht mitzunehmen pflegen, war das Deck für die Käfige kleiner und konnte nicht mehr als zwanzig Tiere aufnehmen.

Aber da war noch eine andere wichtige Veränderung. Im Jahr 1976 wurde der Hundezwinger von zwei jungen Engländerinnen überwacht, die sogenannten »Zwinger-Mädchen«, die wenig Spaß verstanden. Die Hunde wurden nur dann aus ihren Käfigen herausgelassen, wenn entweder die Besitzer oder eines der Mädchen sie spazierenführten. Alles war sehr diszipliniert und ordentlich, aber die ganze Atmosphäre war steif und humorlos. Jetzt war alles ganz anders unter dem neuen Zwinger-Aufseher, Romal, einem freundlichen jungen Mann von den Philippinen. Das erste, was er tat, wenn er morgens seinen Dienst antrat, war, die meisten Hunde – und manchmal alle – aus ihren Käfigen zu entlassen. Sie spielten und tobten herum wie Kinder auf einem Campingplatz, verliebt in ihren Bewacher.

Hübsch und sanft wie er war, hatte Romal ein Lächeln, das ein Herz aus Eis zum Schmelzen bringen würde. Er war ein Genie in seinem Fach: Wir merkten, daß er den Charakter eines Hundes sofort richtig einschätzen konnte; es war, als ob er in die Seele eines Tieres hineinsehen konnte und darin lesen, wie es behandelt werden wollte. Bevor ich Romals Tugenden und Fähigkeiten richtig erkannt hatte, drückte ich ihm einen 10-Dollar-Schein in die widerstrebende Hand, um eine besonders gute Behandlung für Remus sicherzustellen. Aber der Bestechungsversuch erwies sich als ganz unnötig, denn Romal behandelte alle »seine« Hunde gleich liebevoll und umsichtig.

Auf der Hinreise waren fünf Hunde und eine Katze in dem Zwinger. Da gab es ›Rusty‹, einen entzückenden Rüden mittlerer Größe mit zotteligem Fell und einem stetigen Lächeln auf seinem Gesicht, sein Schwanz in dauerndem Wedeln. Er erinnerte uns an Hollywoods ›Benji‹, und er war genauso unwiderstehlich. ›Toto‹ war ein vergnügtes, intelligentes Tier, zu allen freundlich, außer zu Rusty. Ich glaube, er war eifersüchtig auf ihn, weil alle – Romal, die anderen Hunde und auch alle Besitzer – Rusty so liebten. Rusty war ganz unbeeindruckt von Totos Feindschaft und schien sie gar nicht zu bemerken. In seiner Gutmütigkeit hätte er ihn gerne in sein allgemeines Wohlwollen mit einbezogen. Aber dies erbitterte Toto nur um so mehr: Es bedurfte Romals ganzer Geschicklichkeit, um zu verhindern, daß er Rusty angriff.

Ein winziger Chihuahua verbrachte viele Stunden der Überfahrt auf dem Schoß seines Herrchens und fraß dabei winzige Stückchen Hackfleisch aus dessen Hand. Da die Familie nach England auswanderte, würde der kleine Hund sechs Monate lang in Quarantäne gehen müssen, bevor er das Land offiziell betreten durfte. Ich war jedesmal schrecklich traurig, wenn ich dieses zarte verwöhnte Tierchen sah: Da war er nun, vollkommen abhängig von der Liebe seines Herrn, und sollte jetzt, ohne die geringste Vorahnung, sechs Monate lang ins Gefängnis.

›Rex‹ war ein blonder Zwergpudel, der von seinen Besitzern, einem italienischen Ehepaar Ende der 60iger, angebetet wurde. Sie hatten den größten Teil ihres Lebens in Amerika verbracht, aber der Mann war nicht mehr sehr gesund, und sie hatten beschlossen, ganz nach Italien zurückzukehren. Auf dem Hundedeck trugen sie ›Rex‹ endlos hin und her, flöteten Liebkosungen in sein Ohr und küßten ihn. Er war ihr Baby. Anfangs knurrte er die anderen Hunde an, und wenn seine Besitzer nicht da waren, kläffte er ständig ohrenbetäubend in seinem Käfig. Aber unter Romals Fürsorge wurde er bald zu einem braven Mitbürger.

Das Wetter auf der Überfahrt war abscheulich, mit unablässigen kalten Winden, die oft mit Regen einhergingen. Wir Hundebesitzer, in unsere wärmsten Kleider und Mäntel verpackt, stolperten auf und ab auf dem kurzen Hundedeck und beteten, daß unsere Schützlinge recht schnell dem Ruf der Natur gehorchen mochten. Aber die Hunde hatten auch Mühe, ihr Gleichgewicht in dem wilden Wind, der ihr Fell zerzauste, zu halten. Sie blinzelten im Sturm zu uns hinauf, ihren Kameraden in der Not, um uns zu sagen (was wir ohnehin wußten), daß es so gut wie unmöglich war, unter diesen Bedingungen die notwendigen Körperfunktionen zu vollziehen. Wenn die gebeutelten Paare in den Zwingern Schutz suchten, waren sie jedoch auch nicht viel besser dran, denn der Platz war eng und die Luft stickig, und abgesehen von einer kleinen Bank, die immer schon besetzt war, gab es keinen Ort, an dem man sich hinsetzen konnte. (Wenn ich eines Tages meinen idealen Ozeandampfer entwerfen werde, wird er einen Astro-Zwinger enthalten – eine große eingezäunte Vergnügungsstätte mit Astro-Torf, Klimaanlage und vielen bequemen Sesseln für die Hundebesitzer, wo sie sitzen und lesen können, während sich ihre Haustiere glücklich zu ihren Füßen räkeln.)

Es war Remus gelungen, uns auf der ganzen Schiffsreise nach Cherbourg ständig schuldig fühlen zu lassen, seinetwegen. Wenn er allein in seinem Käfig war, würde er leise vor sich hin heulen, um seiner Trauer und seiner Qual Ausdruck zu geben. Bei unserer Ankunft im Zwinger würde er zwar vor Freude und Erleichterung überwältigt sein, aber uns doch wissen lassen, wie unglücklich er während unserer Abwesenheit gewesen war.

Schwanzwedelnd würde er kleine schrille Schreie ausstoßen und heulend bellen, wenn wir ihn streichelten, Laute, die wir wohl zu deuten wußten. Sie sagten uns: »Ich bin todunglücklich hier in meiner Misere, stundenlang ohne euch – aber wie schön doch, euch endlich wiederzusehen!« Und wenn wir ihn nach einer unserer Visiten zurück in seinen Käfig bringen mußten, dann sah er uns mit einem so verzweifelten Blick an, daß wir uns wie monströse Schufte vorkamen, wenn wir die Käfigtür vor seinem flehenden, verzweifelten Gesicht schlossen. Dieses Benehmen war natürlich eine Form von emotionaler Erpressung, aber es war sehr erfolgreich, denn wir verbrachten sehr viel mehr Stunden in diesem unbequemen Zwinger mit ihm, als wir eigentlich vorgehabt hatten.

Er bearbeitete uns auch noch auf andere Weise: Begünstigt durch das schlechte Wetter weigerte er sich in den ersten beiden Tagen der Reise auch, seine Geschäfte zu verrichten. Als er es schließlich doch tat, sah er mit einem Ausdruck zu uns auf, als wollte er sagen: »Schaut mal, was ich für euch gemacht habe, nun ist es doch das wenigste, was ihr für mich tun könnt, daß ihr jetzt hier oben bei mir bleibt!«

Nach einem angenehmen vierwöchigen Aufenthalt in unserem gemieteten Haus in St. Gemme fuhren wir zurück nach Cherbourg, um uns auf der »Queen Elizabeth II.« wieder für die Rückfahrt einzuschiffen. Als wir unsere Billets am Pier dem Cunard-Büro aushändigten, bemerkte die junge Frau, die sie uns abnahm, etwas, was wir nicht gesehen hatten: Remus war auf seinem Billet als »Bastard« eingetragen. Remus ist ja tatsächlich ein Bastard, aber das dürfen nur wir von ihm sagen, jedoch nicht die Cunard-Line – so fanden wir: Sie erzählte uns dann von einem anderen Billet, das sie gesehen hatte, auf dem eine mitreisende Katze als »Gassen-Katze« bezeichnet war.

Auf dieser westlichen Überfahrt gab es natürlich völlig andere Zwingerpassagiere. Das heißt, bis auf einen anderen: als wir Remus zum ersten Mal auf seinem Hundedeck besuchten, trafen wir Rex' Frauchen, wie sie vom Zwinger herunterkam, weinend. »Machen Sie sich keine Sorgen«, sagte ich zu ihr, »Rex wird es gutgehen, und Sie können ihn ja ganz bald wieder besuchen.« Ich legte ihr tröstend eine Hand auf die Schulter.

»Ich weine doch nicht um Rex«, antwortete sie, »sondern um meinen Mann.«

»Aber nein! Was ist ihm denn passiert?«, fragten wir.

»Er ist gestorben«, heulte sie und rannte fort.

Der arme Mann war in Italien an einem Schlaganfall gestorben, während sie einen Ort suchten, wo sie ihr Leben in Ruhe beenden konnten – und nun fuhr sie alleine zurück nach Amerika mit Rex.

Der schönste Hund des Zwingers war eine ganz junge, große Schweißhündin, die zum ersten Mal läufig geworden war. Remus, alt und kastriert, war nicht an ihr interessiert, aber Rex wurde sofort in eine Sexmaschine verwandelt. Er war viel zu klein, um sich mit dieser Hündin zu paaren, aber er versuchte dies mit jedem erreichbaren Hund seiner Größe, ob männlich oder weiblich.

Während wir Remus am ersten Tag auf dem Deck spazierenführten, sprach uns ein junger Engländer an. »Entschuldigen Sie bitte«, sagte er, »könnten Sie mir vielleicht einen Rat geben? Glauben Sie, daß ich meine Hündin aus ihrem Käfig herauslassen kann?«

»Natürlich«, sagten wir, »warum denn nicht?«

»Nun, weil die Leute von Cunard mir sagten, sie sollte nicht mit den anderen Hunden in Berührung kommen – wissen Sie, den nicht-englischen –, weil die vielleicht Tollwut haben könnten, und dann würde man sie in New York nicht an Land oder weiter in andere Staaten der USA reisen lassen«.

Wir waren nur milde erstaunt, festzustellen, daß die zuständige Sachbearbeiterin der Cunard Lines in England ebenso begabt war, falsche Informationen auszuhändigen, wie die in New York. Wir erklärten ihm, daß alle anderen Hunde gegen Tollwut geimpft seien, und daß, wenn seine Papiere für den Hund in Ordnung seien, er ihn selbstverständlich in New York an Land bringen könnte, und schließlich, daß es in den Vereinigten Staaten keine Immigrations- oder Zollinspektion gab, die den Verkehr zwischen den Staaten regelte. So durfte also »Bridie«, seine Hündin, glücklich mit den anderen im Rudel spielen. Sie entwickelte sofort eine spezielle Zuneigung zu Remus, die sich oft dadurch zeigte, daß sie ihn zärtlich am Ohr leckte – was er stillschweigend duldete.

Da er bei weitem der älteste Hund an Bord war, wurde Remus von allen – den anderen Hunden, von Romal, und von den anderen Hundebesitzern – mit großem Respekt und Zuneigung behandelt. Zum Beispiel sollten wir Remus jedesmal, wenn wir in den Zwinger kamen, auf der einzigen kleinen Bank in der Ecke thronen sehen, von dem einen oder anderen gestreichelt. Gewiß hätten einige der anderen Hunde auch gerne dort gesessen, aber obwohl Remus seinen bequemen Sitzplatz nie irgendwie aggressiv verteidigte, beanspruchte ihn auch nie ein anderer oder machte ihm sein Recht streitig, dort zu sitzen.

Von allen Bewunderern, die Remus hatte, waren ein deutsches Ehepaar, die mit einem kleinen, sechs Monate alten Dackel reisten, die glühendsten. Wir anderen Hundebesitzer mußten uns vor diesem Ehepaar richtig schämen, weil sie den ganzen Tag lang – acht Stunden oder mehr – oben auf dem Deck saßen, mit dem Rücken zum Wind, auch bei schlechtestem Wetter, und ihren kleinen Hund auf dem Schoß hielten. Die Frau besonders war ganz vernarrt in Remus, und obwohl wir uns für sehr brav hielten, wenn wir zwei bis drei Stunden am Tag bei ihm verbrachten, schien ihr das nicht genug zu sein.

Eines Tages, als unsere Siesta nach dem Mittagessen etwas länger gedauert hatte als sonst, sah sie uns vorwurfsvoll an, als wir in den Zwinger kamen und sagte: »Oh, Remus hat den ganzen Nachmittag geheult!«

Am nächsten Morgen, als wir den Zwinger nach einem einstündigen Besuch bei Remus verließen, meinte sie: »Sie kommen doch am Nachmittag wieder, nicht wahr?« Sie wollte damit sagen: »Ich würde es Ihnen auch raten, sonst riskieren Sie mein Mißfallen!« Und ein anderes Mal, als wir den Zwinger verließen, fragte sie uns: »Haben Sie Remus gesagt, daß Sie weggehen?«

Da ihr Remus' Wohlergehen am Herzen lag, waren wir ihr nicht böse, sondern amüsierten uns nur über die Kritik der deutschen Dame. Wir hatten das Ehepaar sogar gern, denn sie hatten während der Reise einen anderen Dackel sozusagen adoptiert, der von seinen Besitzern sträflich vernachlässigt wurde: Sie kamen ihn auf der gesamten, fünftägigen Reise nur ein einziges Mal besuchen! Die Deutschen nahmen sich jedoch seiner an, und er saß glücklich und zufrieden auf dem Schoß des Ehemannes, während ihr eigener Dackel auf dem Schoß seiner Frau saß.

Im Sommer 1990 war Remus fast 16 Jahre alt. Er hat zwei Schlaganfälle erlitten, und obwohl keiner von beiden so schwer war wie der von Lupa, hatten sie doch deutlich bewirkt, daß es mit ihm bergab ging. Sein Kopf war danach etwas zur Seite geneigt – ein Zustand, der sich später noch einmal besserte –, und sein Gleichgewicht war für immer gestört, so daß er oft stolperte. Er konnte sich beim Urinieren nicht mehr auf nur drei Beinen halten und mußte sich deshalb dazu hinhocken, wie ein Welpe (oder eine Hündin). Ebenso fiel es ihm schwer, bei der Erledigung des großen Geschäfts die Balance zu halten. Wir beobachteten mit ängstlicher Faszination, wie er darum kämpfte, nicht dabei zu schwanken, sondern seinen Körper in der Balance zu halten, bis alles heraus war. Manchmal siegte die Schwerkraft über seinen Willen, und er mußte ein paar Schritte nach vorne tun, bevor er die Prozedur zu Ende brachte. Wir waren alle immer sehr erleichtert, wenn dies gelungen war.

Eines Nachmittags, als wir Remus auf seinem langsamen täglichen Spaziergang begleiteten, trafen wir einen alten Herrn, der mühsam an zwei Krücken ging. Sein Gesicht war eine Maske aus Trübsinn und Elend. Als wir uns begegneten, schaute er uns finster an und sagte: »Ich halte nichts davon, Tiere zu lange leben zu lassen.« Wir waren entrüstet über seine Taktlosigkeit, bis wir begriffen, daß der arme Mann sich selbst damit gemeint hatte.

Ed und ich hatten nicht vor, in diesem Sommer Ferien zu machen und wegzufahren. Wir waren uns schon klar darüber, daß unsere nächste Reise erst stattfinden würde, wenn Remus nicht mehr da war. Ihn mitzunehmen war nun nicht mehr möglich: Eine lange Reise im Auto wäre für ihn zu anstrengend, und wir konnten auch nirgendwo anders als zu Hause mit ihm bleiben, weil er jetzt keineswegs mehr kontinent war. Zu Hause mußten wir alle seine Sessel, Sofas und Hundematten mit einem Gummi-Bezug und alten Bettlaken schützen. Dadurch schonten wir unsere Möbel, aber die Waschmaschine hatte in den letzten Monaten seines Lebens viel zu tun.

Remus' Spaziergänge wurden kürzer und kürzer; er schlief immer häufiger und länger, und er fraß immer weniger. Seine starken Muskeln an den Oberschenkeln waren geschrumpft und weich geworden; seine Knochen, früher mit festem Fleisch überzogen, traten jetzt schmerzhaft hervor. Als der Winter kam, aß er fast nichts mehr außer weißem Hühnerfleisch. Wir machten ihm Hühnerstückchen und Reis in der Brühe warm und brachten es ihm mit forcierter Fröhlichkeit, so als könne er es gar nicht erwarten, es zu bekommen.

»Oh, Remus«, sagten wir vergnügt, »sieh mal, was wir für dich haben! Hm, herrliches Futter! Komm, hol dir dein Mittagessen!«

Remus kam dann langsam auf den Napf zu und guckte auf ihn herunter, während wir den Atem anhielten und so taten, als beachteten wir ihn gar nicht. Er sah uns dann an, trank etwas von der Brühe und fraß vielleicht ein paar Stückchen Hühnchen. Dann ging er weg. Vielleicht aß er nachher noch ein paar Stückchen mehr, wenn wir darauf bestanden, das heißt, wenn wir es ihm mit der Hand hinhielten.

Es war ganz klar, daß Remus das Interesse am Leben verloren hatte – er, der für uns der Inbegriff von ewiger Jugend und Freude gewesen war! Er tat nichts mehr als zu schlafen, uns zu Gefallen ein wenig zu fressen und ging nur hinaus, um sein Geschäft zu machen.

Als wir ihn zu Dr. Miele zur Untersuchung brachten, konnte der uns keine falsche Hoffnung mehr machen. »Lassen Sie mich wissen, wenn Sie so weit sind«, sagte er nur.

Remus hatte die Besuche beim Tierarzt immer gehaßt; er zitterte immer unkontrollierbar im Wartezimmer und wenn er auf den Untersuchungstisch gehoben wurde, steckte er in panischer Angst seinen Kopf unter meinen Arm, während ich ihn hielt. Wir baten also Dr. Miele, ob er zu uns nach Hause kommen könnte, wenn es dann so weit sein würde. »Natürlich«, sagte er.

In einer Nacht im März war Remus furchtbar unruhig. Er wanderte stundenlang durchs Haus, unfähig, sich irgendwo niederzulassen. Wir hatten schreckliche Angst, daß er, wie Lupa, bald unerträgliche Schmerzen bekommen würde. Am frühen Morgen riefen wir Dr. Miele an. Er sagte, er würde um 12 Uhr mittags kommen.

Wir warteten diesen ganzen entsetzlichen Morgen hindurch, wie betäubt von Schmerz und Schuldgefühlen. Wir wußten, daß wir das Beste für Remus taten, aber wir konnten dem entsetzlichen Gedanken nicht entfliehen, daß wir jemanden in unser Haus gebeten hatten, um unseren geliebten Freund zu töten.

Während Remus in seinem Lieblingssessel lag, streichelten wir ihn und sprachen sanft mit ihm, bis unsere Tränen uns aus dem Zimmer jagten. Plötzlich, viel zu schnell, war Dr. Miele da. Remus' Blutdruck war so niedrig, daß der Arzt Mühe hatte, eine Vene zu finden, die die tödliche Spritze aufnehmen konnte. Remus Herz hörte schließlich auf zu schlagen und ein paar Sekunden später ging ein krampfhaftes Husten durch seinen Körper, das mich aus unerklärbarem Grund bis heute verfolgt.

Dr. Miele wickelte ihn sanft in eine Decke und trug ihn aus dem Haus.

Und so war er – unvorstellbarerweise – fort. Seine Asche und sei Halsband liegen neben der von Lupa unter einem Stein mit der Inschrift »Unser geliebter Remus. (1974–1991)« in unserem Garten begraben.

An einem der folgenden trostlosen Tage nach Remus' Tod versuchte ich meiner Trauer dadurch Herr zu werden, daß ich über diese letzte Visite von Dr. Miele schrieb.

Der Gast

Früher saßest Du
an der offenen Tür.
Augen und Ohren gespannt
Auf Zeichen nahender Gäste.
Warum begeisterte uns

Dein Anblick so?
Schließlich saßest Du doch
Nur einfach dort.

Ließen wir Dich
Im Haus allein
Ein Weilchen nur,
War unsere Rückkehr
Ein Opernauftritt.
Dein scharfes Gebell
Mit kläglichen Heulern
Klagte uns an:
»Ich sterbe vor Freude,
Daß Ihr wieder da seid;
Aber wißt Ihr denn nicht –
Halunken!-
Wie ich gelitten habe
So ganz allein
Ohne Euch?«

Jetzt aber lagst Du
In Deinem Stuhl –
(Gewiß, es ist Deiner) –
Und merktest kaum
Daß Jemand kam:
Dein letzter Gast!

(Am Anfang der Zeit,
Als Lupa Dich führte –
Dich und die Anderen,
Hinaus in den Tag –
Da sahst Du mich an
Mit furchtlosen Augen

Und sagtest zu mir:
»Hier bin ich! Nimm *mich*!«)

(Und ich seh' Dich noch
In den Wald hinein jagend,
Den Rehen nach,
Mit fliegenden Füßen.)

Hast Du gewußt,
Geliebter Remus,
Warum er kam,
Dein letzter Gast?
Doch das Licht war erloschen
In den mutigen Augen –
Es war Dir egal.

Vielleicht fühltest Du eben,
Warum er jetzt kam?
Doch Dein Halsband hing schlaff
Um den mageren Nacken –
Was soll noch das Leben?
Er setzte Dich frei,
Von dem, was noch blieb!

Kleiner Freund –
Jetzt ist es an uns
Verloren
Durch die leeren Räume
Zu wandern.

9

Zuneigung

Obwohl die Hunde am Anfang meine Idee waren, da ich es war, der sie so gerne behalten wollte (und Ed nur widerstrebend darin einwilligte), dauerte es doch nicht lange, bis wir beide sie zärtlich liebten. Um zu zeigen, wie sehr auch Ed sich um die Hunde sorgte, möchte ich etwas erzählen, was eines Morgens im Herbst 1980 passierte.

Ich arbeitete an meinem Schreibtisch im zweiten Stock, als ich ein Geräusch im Hof hörte. Ich sah aus dem Fenster und bemerkte einen jungen Mann, der gerade dabei war, unser Grundstück durch ein Gatter neben dem Schuppen zu verlassen. Er trug zwei Plastiktaschen mit offenbar schweren Sachen darin. »Wie seltsam«, dachte ich. »Ich werde mal runtergehen und sehen, was er da macht.«

»Was hat der Mann da draußen gemacht?«, fragte ich Ed, als ich an seinem Studio vorbeikam. Sein Fenster hat einen freien Blick auf den Hof, aber Ed war in seine Arbeit vertieft und hatte nichts gesehen.

Ich ging hinunter und sah, daß der Mann ein paar Meter neben unserem Gemüsegarten stehen geblieben war.

Er hatte die Taschen neben sich abgestellt und band sich die Schnürsenkel fest.

Ich ging zu ihm hin und fragte ihn: »Was machen Sie denn da?«

»Ich wechsle meine Schuhe«, sagte er mürrisch. Ich sah kein zweites Paar Schuhe.

»Aber was haben Sie denn in unserem Hof gemacht?«, fragte ich wieder. Ich wollte eigentlich nur eine Erklärung haben, weil mich die Situation verwunderte.

Wie eine Schlange schnellte der junge Mann mit einer Drehung hoch und schlug mir so hart ins Gesicht, daß ich torkelte und meine Brille hinuntersauste. Er schlug noch einmal zu, diesmal auf meine Schläfe, und ich fiel zu Boden. Ich erinnere mich, daß ich im Fallen dachte: »Also so ist es, wenn man stirbt!« Er sprang auf mich und war dabei, mich wirklich schwer zu verletzen, als Ed angerannt kam.

»Hol ihn von mir runter!« schrie ich. Ed packte ihn an den Schultern und zog ihn von meinem Rücken herunter. Dann standen wir drei gespannt im Kreis und überlegten, was jetzt passieren würde, während mir das Blut übers Gesicht lief.

Zu unserer ungeheuren Erleichterung entschloß sich der junge Schläger, es nicht mit uns beiden aufzunehmen, sondern rannte fort, auf Nimmerwiedersehen. Er ließ, abgesehen von meinen zerstörten Nerven und dem blutigen Gesicht, zwei Einkaufstaschen zurück, gefüllt mit dem Tafelsilber eines unserer Nachbarn. Ich war zwar arg zerbeult, aber doch dankbar, daß der Dieb offensichtlich unbewaffnet war, sonst hätte ich vielleicht meine Dummheit mit dem Leben bezahlen müssen.

»Aber die Hunde?«, könnte man fragen, »was hat das alles mit den Hunden zu tun?« Die Tatsache, daß Lupa und Remus in dem Vorfall *keine* Rolle spielen, ist gerade der wichtige Punkt meiner Erzählung. (Anhänger von Sherlock Holmes werden sich vielleicht erinnern, daß in dem Krimi »Silver Blaze« einer der wichtigen Faktoren zur Lösung des Falles der war, daß ein gewisser Hund *nichts* tat.) Als Ed aus dem Haus kam, ließ er die Hunde drinnen! Und warum? Weil er Angst hatte, sie könnten verletzt werden! Das zeigt doch, was er für sie empfindet.

Ich war übrigens nicht im geringsten ärgerlich oder beleidigt deswegen, denn ich hätte an seiner Stelle genauso gehandelt.

Zwei Jahre später hatte Ed eine schwere Operation im ›Princeton Hospital‹. Sowie er von seinem Schmerzensbett aufstehen konnte, bat er mich, Lupa und Remus zur Straße unter seinem Fenster zu bringen, so daß er sie sehen konnte. Er winkte und lächelte ihnen zu, während ich nach oben zu seinem Zimmerfenster deutete und sagte: »Schaut mal, da ist Eddie!« Ich glaube kaum, daß sie ihn tatsächlich sehen konnten, aber als ich seinen Namen nannte, wedelten sie mit den Schwänzen und gaben kleine Wimmer-Laute von sich, weil sie verwundert waren, daß die Erwähnung seines Namens nicht mit seinem Erscheinen verbunden war. Diese Fern-Besuche waren für Ed die Höhepunkte seiner Tage im Krankenhaus, und als er nach Hause kam, war er sehr gerührt von der überschwenglichen Begrüßung der Hunde. Seine Rekonvaleszenz, sagte er, sei sehr viel schneller, leichter und angenehmer gewesen, weil Lupa und Remus da waren, um ihm dabei Gesellschaft zu leisten.

Einmal, als wir die Hunde auf dem Golfplatz spazierenführten, fragte ich Ed: »Wenn jemand Lupa und Remus kidnappen würde und von dir als Lösegeld dein ganzes Vermögen verlangen würde, würdest du das bezahlen?«

»Natürlich«, sagte er nur. Und bei einer anderen Gelegenheit fragte ich ihn: »Nimm mal an, jemand würde sich in Remus und Lupa verlieben und wollte sie unbedingt haben, und er würde dir für sie zehn Millionen Dollar bieten, würdest du das Angebot annehmen?«

»Bestimmt nicht«, war die Antwort. – Ich stellte damit natürlich keine echten Fragen, und wollte keine wirkliche Auskunft: Ich gab eigentlich nur meinem Erstaunen darüber Ausdruck, daß uns die beiden Hunde so am Herzen lagen!

Obwohl Lupa, wie ich schon gesagt habe, für uns so etwas wie eine Mutterfigur war, liebten wir die Hunde eigentlich so, wie Eltern ihre Kinder lieben.

Ich bin bereit zu glauben, daß in den meisten Menschen der angeborene Wunsch existiert, Kinder zu haben, und da wir beide keine hatten, wurden unsere väterlichen Gefühle auf die Hunde übertragen. Sie waren also unsere Ersatzkinder. Ich sage das nicht, um unsere Gefühle für sie zu rechtfertigen oder, im Gegenteil, zuzugeben, daß dieses Gefühl pervers oder falsch angewandt oder auf andere Weise nicht ganz richtig war: Ich will vielmehr nur auf seine Qualität hinweisen. Natürlich kann die Liebe zum Hund niemals so tief, so reichhaltig sein wie die zum eigenen Kind, aber sie kann doch vergleichsweise ebenso intensiv sein. Zum Beispiel war unsere Sorge um das Wohlergehen von Lupa und Remus genau so stark, wie die eines Vaters für sein Kind sein konnte.

Ich las vor ein paar Jahren einmal in der Zeitung von einem Mann, der ein Bein verloren hatte bei dem (erfolgreichen) Versuch, seinen geliebten Hund vor einem Zug zu retten. Ich schrieb ihm damals sogar einen Brief des

Zuspruchs und der Ermutigung. Ein Pragmatiker hätte zweifellos gesagt, daß er töricht gehandelt hatte – aber ich finde, daß zweckgebundene Überlegungen hierbei genauso irrelevant sind wie in dem Fall, daß des Mannes Kind sich auf den Gleisen befunden hätte; ich bin der Meinung, seine Handlung war absolut bewunderungswürdig.

Ein Teil unserer Gefühle für Lupa und Remus entstammen zweifellos der Tatsache, daß wir wie liebende Eltern, unsere Verantwortung für ihr Wohlergehen sehr ernst nahmen. Schließlich hatten wir sie aufgenommen und hatten sie in jeder Weise von uns abhängig gemacht, sogar für ihr gesamtes Leben.

Noch ein weiterer Grund für unsere Liebe für sie war die Tatsache, daß wir auf verschiedene Weise mit ihnen kommunizieren konnten und zwar direkt und indirekt. Sie sprachen zu uns durch ihre Handlungen ebenso wie durch die verschiedenen Laute, die sie von sich gaben. Sie sagten uns nicht nur, wenn sie spazierengehen oder etwas zu fressen haben wollten, sondern ließen uns auch wissen, wenn sie ängstlich, enttäuscht, glücklich, zufrieden oder gelangweilt waren. Einige dieser ›Mitteilungen‹ waren gewiß natur-bedingter Art, das heißt, daß sie auch stattfinden würden, wenn wir nicht da wären, aber viele davon waren doch als Signale an uns beabsichtigt, als Nachrichten, auf die wir reagieren sollten – was wir dann auch taten.

Hier ein Beispiel: Einmal, nachdem Lupa schon gestorben und Remus ein alter Hund war, kam die Hündin »April« für zwei Monate zu uns, während ihre Besitzerin, unsere Freundin Nini Borgerhoff, eine Hüftoperation durchmachte. April war ein entzückender Collie-Mischling, den wir schnell liebgewannen. Remus jedoch liebte sie gar nicht, sondern wünschte sie weit fort, obwohl er sie höflich duldete. Ich war töricht genug, April in meinem Schlafzimmer übernachten zu lassen, und ich bin ziemlich sicher, daß Remus meine offensichtliche Zuneigung zu ihr fühlte und übelnahm. – Einige Monate später hatten Ed und ich zugestimmt, April wieder auf ein paar Tage aufzunehmen. Als Nini sie uns brachte, war Remus ganz friedlich, ohne jeden Verdacht, während wir uns eine Weile unterhielten. Als jedoch Nini wegging und April bei uns ließ, wurde ihm klar, worum es ging. Ein paar Minuten später – ich saß allein am Eßzimmertisch und las die Zeitung – kam Remus an meinen Stuhl, hob das Bein und entleerte seine Blase vor meinen ungläubigen Augen auf den Teppich. Ich muß gestehen, daß schon während ich mit ihm schimpfte und dann während ich mit Eimern voll Seifenwasser, Schwämmen und Saugpapier den Teppich säuberte, ich nicht verhindern konnte zu schmunzeln.

Als ich später über diese Begebenheit nachdachte und sie von Remus' Standpunkt aus betrachtete, tat es mir fast leid, daß ich mit ihm geschimpft hatte. Der Hund hatte ja ein legitimes Recht auf seine Eifersucht und auch darauf, sie auszudrücken. Einerseits war er aber von Natur aus eine sanfte Kreatur und konnte daher April nicht anknurren oder gar beißen. Andererseits hatte er nicht Lupas stoischen Charakter und war nicht bereit, still und passiv die »Schlingen und Pfeile eines wütenden Schicksals zu ertragen«. (Shakespeare: Hamlet, 1. Akt).

Er war entschlossen, uns wissen zu lassen, daß er es mißbilligte, diese junge Hündin wieder in sein Revier zu lassen. Also beschloß er schlauerweise, seine Entrüstung deutlich auf dem Teppich zum Ausdruck zu bringen. Ich mußte zugeben: seine Ausdrucksweise war eloquent, kühn und originell!

Und ebenso wie wir die Botschaften verstanden, die die Hunde uns sandten, ebenso verstanden sie auch unsere Worte, Handlungen und sogar unsere Gefühle.

Lupa und Remus sind in einem Buch von Joyce Carol Oates verewigt worden, das sie 1979 beendete (›A Bloodsmoor Romance‹). In diesem Roman, der im 19. Jahrhundert spielt, stellt sie ihr »scharfsinniger Herr« dem Publikum als ›Medien‹ vor – unter Ausnutzung der damaligen Begeisterung für übersinnliche Phänomene! Nun, so weit ich weiß, hatten Lupa und Remus keine Fähigkeiten, wie Medien auf die Geister der Toten zu reagieren, aber verstanden und reagierten sehr wohl auf die Gefühle und Stimmungen der Lebenden!

Ich werde nie eine Begebenheit vergessen, die eines Abends geschah, als Ed und ich am Fernseher saßen; ich auf der Erde und die Hunde neben mir. Wir sahen einen Dokumentarfilm über einen kleinen süßen englischen Jungen, der einen angeborenen Herzfehler hatte. Über ihn wurde von zu Hause berichtet und in der Schule während der Wochen vor seiner Herzoperation, die den Fehler beheben sollte. Schließlich verabschiedeten sich die Eltern von ihm im Krankenhaus, er wurde in den Operationssaal gefahren und während der Operation am offenen Herzen, das man in Nahaufnahme schlagen sah, hörte man zu meinem Entsetzen die Chirurgen sagen: »O je, das ist ja gar nicht gut« und »das habe ich nicht erwartet«, und andere ähnliche schlimme Dinge. Also: der Junge starb, entweder während der Operation oder wenige Stunden später. Als die Sendung vorbei war, füllten sich meine Augen mit Tränen. Sofort stürzten beide Hunde zu mir, warfen mich dabei beinahe um und leckten mir mit kläglichem Wimmern die Tränen vom Gesicht, von den

Wangen, in dem Bemühen, mich zu trösten – was auch durchaus gelang. Dasselbe geschah noch einmal in unserem Haus in der Provence, als die Nachricht von Kit Bryans Tod mir die Tränen in die Augen trieb.

Von all den Gründen, die wir hatten, Lupa und Remus zu lieben, war vielleicht der allerwichtigste der ihrer vollkommenen und unbeirrbaren Ergebenheit und Zuneigung zu uns. Sie zeigten dies ständig, bei unzähligen Gelegenheiten und auf die verschiedenste Art und Weise. Zum Beispiel durch ihre Niedergeschlagenheit, wenn wir für eine Weile weggingen und ihre ungehemmte Freude, mit der sie unsere Wiederkehr feierten. Hatten wir sie draußen gelassen, so fanden wir sie bei unserer Rückkehr Wache stehen auf dem kleinen Wall vor der Hintertür, von wo aus sie die Pfade übersehen konnten, auf denen wir zurückkehren würden. Sowie sie uns von weitem erblickten, erhoben sie ein symphonisches Geheul von Bellen, Heulern, Wimmern, alle begleitet von wildem Schwanzwedeln, ganzen Körperdrehungen und riesigen Sprüngen an das Tor, das sie von uns trennte. Was für Sorgen uns auch immer geplagt haben mögen, gleichgültig wie fürchterlich der Tag gewesen war, der hinter uns lag, dieser glückliche Empfang verfehlte nie seine Wirkung: Er erfreute unsere Herzen!

Wenn sie uns so gerne hatten – nun, dann konnten auch unsere Probleme nicht so schlimm sein, wie sie aussahen.

Gewiß – wir hatten viele, viele Gründe, Lupa und Remus zu lieben; aber wie jeder weiß, zählen Gründe nicht viel, wenn es sich um Liebe handelt. Man kann einige von ihnen aufzählen, wenn man will, aber die Liste ist bald zu Ende und befriedigt einen nicht: Denn was bleibt, ist die unerklärliche Tatsache der Liebe selbst. So, was immer die Gründe sein mochten, und jenseits aller Gründe: Wir liebten sie einfach von ganzem Herzen. Vielleicht liebten wir sie sogar – ich schäme mich nicht, es zu sagen – jenseits aller Vernunft. Und sie liebten uns ebenso, vollkommen – mit allen Schleusentoren weit geöffnet! Eine solche Liebe ist vielleicht das Beste, was das Leben zu bieten hat, und wir werden für immer dankbar dafür sein, eine solche Fülle davon erhalten zu haben und geben zu dürfen, und das für eine so lange Zeit.

ENDE